Iris Glanzer

Wenn dein Pferd tot ist,
steig ab!

Ein (un)mutiger Beitrag zum
gesellschaftlichen Wandel

Cover und Buchsatzgestaltung:
Jan Wenke

Herstellung und Verlag:
Books on Demand GmbH, Norderstedt

ISBN: 978–3–8370–1948–3

Bibliografische Information der Deutschen Nationalbibliothek:
Die Deutsche Nationalbibliothek verzeichnet diese Publikation in
der Deutschen Nationalbibliografie;
detaillierte bibliografische Daten sind im Internet über
http://dnb.d-nb.de abrufbar

Vorwort

I have a dream -

Mit diesen Worten beschrieb einst Martin Luther King
seine Vision einer besseren Zukunft.

Träume sind niemals Schäume.
Sie können Ausdruck des Lebens und Vorboten
zukünftiger, besserer Tage sein.

Ich habe auch einen Traum:

den Traum einer Welt, die die Selbstbestimmung und
Würde jedes einzelnen Menschen achtet und fördert.

- einer Welt, die genau hinschaut und aus ihren Fehlern
lernt.

- einer Welt, die in Liebe und gegenseitiger Achtung
zusammenwächst.

Iris Glanzer
Bückeburg im Januar 2008

Wenn es dir möglich ist,

mit auch nur einem kleinen Funken

die Liebe in der Welt zu bereichern,

dann hast du nicht umsonst gelebt.

Jack London

1

Der Mann schaut mich verständnislos an.

„Schule?
Nein, das hier ist keine Schule.
In Schulen wurden früher Kinder zu Tausenden
gebracht um zu lernen.

Das konnte nicht gut gehen.
Die Idee dahinter war eben einfach zu
unausgegoren.
Du kannst doch niemanden zum Lernen zwingen!
Wir machen das hier ganz anders.
Soll ich es dir mal zeigen?"

Ich sehe mich genauer um.
Wir befinden uns im zweiten Stock eines riesigen
Gebäudes.
Überall gehen Leute jeden Alters hin und her,
verschwinden in großen Sälen oder eilen heraus, in
angeregte Gespräche vertieft oder eher
nachdenklich- ein buntes Häufchen äußerst lebendig

wirkender Menschen.

Viele Kinder sind dabei, aber auch Erwachsene, ältere
Leute, sogar eine uralt wirkende Oma wird
offensichtlich von ihrem Enkel im Rollstuhl vorbei
geschoben.

„Was machen die alle hier?" will ich von meinem
Begleiter wissen.
„Gibt's hier irgendwas umsonst?"

Der Mann lacht.

„Lernen", sagt er geheimnisvoll.
„Wir befinden uns im Institut für Physik."

„Aber was tun dann die Kinder und Alten hier?
Ich sehe nur wenige Studenten!"

„Lernen!"

„Wie jetzt?"

„Damit du das besser verstehst, muss ich etwas
weiter ausholen. Hast du ein bisschen Zeit?"

„Klar", antworte ich und bin gespannt.

Ich staune über die Vielfalt unterschiedlichster
Menschen und die muntere Atmosphäre.
Ein Institut stelle ich mir eher „öde" vor, uralte
Korridore und träge herumschlurfende Stundenten auf
dem Weg in die nächste Cafeteria.

Aber hier ist alles anders.

Überall stehen Pflanzen vor riesigen Fenstern, die
Sonne scheint hier durch jede Maueröffnung.
Fröhlich plappernde Menschen strömen aus den
Räumen und in die Räume hinein, lächeln einander zu
und sprechen Vorbeikommende an:

„Du musst unbedingt mal in Raum 207 reinschauen-
war eben da, super Show!"
Show?
Äußerst merkwürdig!

„Vielleicht fange ich damit an, dir zu erzählen, wie wir
zu unsrem System gekommen sind",
beginnt der Mann.
„Aber wir sollten es uns etwas gemütlicher machen.
Den Rundgang durch unser Institut können wir dann
ja später nachholen, ich fürchte, du musst zuvor noch
ein paar ganz wichtige Informationen haben, sonst
kannst du das, was du hier siehst, gar nicht richtig
einordnen."

Ich bin einverstanden und mein Begleiter führt mich in
einen gemütlichen Aufenthaltsraum.
Dort gibt es kuschelige Sitzecken und wir lassen uns auf
eine besonders einladende Sessel-Landschaft fallen.
Der Mann besorgt noch zwei interessant aussehende
Drinks.
Ich bin schon gespannt wie ein Flitzebogen und jetzt
nicht mehr geduldig.

„Nun sag schon, was ist hier eigentlich los?

Wie komme ich hier her und wer bist du überhaupt?"

„Gemach!", sagt er lächelnd,
„ich bin sozusagen dein Fremdenführer hier und
habe den Auftrag, dir alles genau zu erklären.
Wenn du Fragen hast, dann frage, es ist wichtig, dass
du alle Einzelheiten verstehst.
Du wirst sie brauchen."

„Jetzt aber raus mit der Sprache, was ist das hier für
ein Gebäude und wieso kommt mir das alles so fremd
vor?",
frage ich verunsichert.

„Fangen wir mal so an",
eröffnet mein Begleiter das Gespräch,
„du kommst aus einer Zeit, in der sich die Menschen
unnötigerweise viel Leid aufluden.
Die Gesellschaft orientierte sich nicht an den heute allseits bekannten Grundlagen des glücklichen
Lebens."

2

„Moment mal", stoße ich hervor und mir wird
schwindelig, aber mein Begleiter fährt unbeirrt fort.

„Damals herrschte das „Recht des Stärkeren" überall
und das führte dazu, dass nicht nur weite Teile der
Menschheit in Armut leben mussten und einige
wenige ihre immensen Reichtümer in unzähligen
Leben nicht hätten ausgeben können, sondern auch
zu einem weithin sinnentleerten Dasein.

Materielle Güter galten als das einzig
Erstrebenswerte, das Menschsein war reduziert auf
den Überlebenskampf, jeder kämpfte gegen jeden
um die scheinbar wenigen Ressourcen.
Am Schlimmsten aber war die Art und Weise, wie
man mit den Kindern umging.

Jeden Tag zwang man sie, eine so genannte „Schule"
zu besuchen und dort völlig dem Leben entfrem-
dete, abstrakte Dinge zu lernen, deren Sinn ihnen
nicht verdeutlicht wurde und der auch wirklich nicht
einsichtig war.

Zudem bedeutete der Gesellschaft das Kind,
solange es unproduktiv, eben Kind, war, sehr wenig
und so wurden der empfundenen Bedeutungs-

losigkeit entsprechend der „Schule" für die Bildung und Entwicklung der Kinder sehr wenige finanzielle und personelle Ressourcen überlassen.
Mit geringstem Aufwand sollten die Kinder, laut offizieller Zielvorgabe, zu eigenverantwortlichen Menschen heranwachsen.

Natürlich konnte das nicht funktionieren.

Damals war man im Bewusstsein dessen, was Menschen wirklich brauchen, noch nicht so weit zu erkennen, dass das Erfolgs- und Glückspotential eines Menschen entscheidend in den ersten Lebensjahren geprägt wird.

Einige wenige Forscher wiesen immer wieder auf die mangelnde Effizienz des gesamten gesellschaftlichen Systems hin, aber das Bewusstsein der Bevölkerung und der geistige Horizont von Politikern und Wirtschaftsverantwortlichen ließen eine radikale Änderung der Umstände nicht zu.

Das führte zu großer Unzufriedenheit weiter Teile der Bevölkerung.
Während intellektuell eher einfache Menschen überhaupt keine Chance mehr hatten, den Anschluss zu schaffen und es auch nicht mehr genug Arbeit für Ungebildete gab, arbeiteten die immer weniger werdenden „Gebildeten" sich zu Tode - die Zeitvorgaben wurden immer enger, der Druck größer.

Es herrschte das Kapital, das heißt, die Menschheit

teilte sich in diejenigen, die Geld hatten und das Geld scheinbar „arbeiten" ließen, jenen, die tatsächlich arbeiteten, aber aufgrund des Systems nie an Geld kommen konnten, da sie immer nur so viel bekamen, dass sie gerade so überleben konnten und denen, die von der „Stütze" abhängig waren.

Die großen Gewinne wurden von denjenigen wenigen mit dem „überschüssigen" Geld eingeheimst.
Menschen ohne Arbeit hielt man mit geringen Zahlungen zum Lebensunterhalt einigermaßen am Leben, von denen sie gerade nicht verhungerten, mit Hilfe derer aber eine menschenwürdige Teilhabe am gesellschaftlichen Leben kaum möglich war.

Viele verzweifelten aufgrund ihres offensichtlichen Unvermögens, diesen Zustand zu ändern, entwickelten einen Mangel an Selbstbewusstsein, wurden alkohol- und/oder drogensüchtig und hassten sich selbst dafür.

Die Medien hielten auf Geheiß des Systems bis zuletzt die Illusion aufrecht, man könne es „schaffen" ohne nennenswerte besondere Fähigkeiten, man müsse nur etwas besonders Auffälliges, Sensationelles bieten.
Die Formel hieß: Je spektakulärer der Act, desto höher die Einschaltquoten.
Dafür machten sich ganze Heerscharen Hoffnungsloser in unsäglichen Fernsehshows zum Gespött, was das Gefühl des Versagens und der Hilflosigkeit der unteren Schichten noch mehr

anheizte.

So genannte „Castingshows" gaukelten den Menschen vor, dass man es fast talentlos schaffen könne, wenn man nur fest an sich glaube.
Nur: gecastete „Stars" waren genauso schnell verglüht, wie sie aus der Namenlosigkeit aufgetaucht waren.

Das Ganze war eine Maßnahme, Menschen nur noch mehr zu demütigen, indem ihnen klar wurde, was ihr scheinbarer Platz in der Gesellschaft war - ein Nichts zu sein und genau genommen überflüssig und wertlos, aber eben selbst schuld daran.

So schaffte man es, die Verzweiflung der Menschen als deren eigenen Fehler darzustellen und die Menschen schämten sich ob ihrer Unzulänglichkeit und zogen sich zurück, anstatt zu versuchen, an der Situation etwas zu verändern oder zu protestieren."

„Halt!", unterbreche ich meinen Begleiter, „das ist genau die Situation, die wir gerade haben ..."

3

„Hatten",
widerspricht mein Fremdenführer,
„das Ganze liegt glücklicherweise viele Jahre zurück."

Ich bin verwirrt, aber auch sehr neugierig.
Ich spüre, hier gibt es etwas für mich zu lernen, gleich
wird er mir verraten, wie damals der Karren tatsächlich
aus dem buchstäblichen Dreck gezogen wurde,...
was heißt hier: wurde?
Ich beschließe, vorerst keine weiteren Fragen zu
stellen.
Jetzt wird's spannend.
Und ich möchte doch nicht aufwachen, bevor mein
Gegenüber mir die Lösung verraten hat!

„Ok",
sage ich,
„jetzt sag schon, wie ist es weitergegangen?
Wer hat als erster etwas gemerkt?"

„Langsam, langsam!", lacht der Mann,
„Rom ist auch nicht an einem Tag erbaut worden –
und ganz so schnell ging es damals nicht.
Fangen wir mal so an: Die Situation wurde damals
für sehr viele Menschen unerträglich.
Immer mehr Jugendliche, vor allem die, denen

klar war, dass ihre Chancen auf ein in persönlicher Würde selbst gestaltetes Leben gering war, wurden aggressiv.

Sie stellten in ihrem Frust allerhand Straftaten an, reagierten zunehmend antisozial und immer mehr Jugendliche begriffen, dass sie die sprichwörtliche „Arschkarte" gezogen hatten.

Jugendliche begreifen solche Dinge immer vor den Erwachsenen, weil ihre Gewohnheiten noch nicht so verfestigt sind wie die der Älteren und sie für gewöhnlich noch nicht so schnell resignieren mögen. So beginnen sie für gewöhnlich einen zumeist aussichtslosen Kampf um ihr Leben, das dann später leider oft wie das ihrer Eltern in stumpfer Resignation und den unterschiedlichsten neurotischen Verhaltensmustern endet.

Politik und Öffentlichkeit reagierten jedenfalls damals zunächst hilflos, da man sich der Auseinandersetzung mit den wahren Ursachen nicht stellen wollte und darüber hinaus den Anschein wahren wollte, sozial verantwortlich zu handeln und alles im Griff zu haben.

Als dann aber die Gewalt dramatisch zunahm, reagierte man zunächst mit zunehmender Härte, sperrte die Jugendlichen ein, machte sie damit aber nur noch gewalttätiger.

Kurz: Die Situation eskalierte und niemand fühlte sich mehr sicher.

Die Politik tat, was sie zur damaligen Zeit immer tat:
Sie versuchte, an den Symptomen herumzukurieren,
anstatt sich den Ursachen des Problems
anzunehmen.

Da die Machtverhältnisse klar umrissen waren,
schützten sich Politik und Großkapital mit
umfangreichen Sicherheitsmaßnahmen gegen den
„Mob" und versuchten zunächst erfolgreich, die
Schuld an dem Problem nach außen zu projizieren,
sprich den randalierenden Jugendlichen
zuzuschieben.
Darauf fiel die Bevölkerung zunächst aufgrund ihrer
Angst vor der Gewalt des „Mobs" auch herein.
Sie glaubten den Machthabern, die behaupteten,
man könne sich gegen Gewalt nur mit adäquater
Gegengewalt wehren.
Ebenso wie in den USA einige Jahre zuvor rüsteten
die Menschen in der Vorstellung auf, sich gegen die
Gewalt nur mit gewalttätigen Abwehrmaßnahmen
wehren zu können.
Dabei löste das natürlich überhaupt nichts."

„Düstere Zeiten",
sage ich und überlege, an welchem Punkt seiner
Ausführungen wohl die Zeit, in der ich lebe, angesiedelt
sein könnte.
Ich komme zu dem Schluss, dass wir wohl kurz vor
dieser angstgeprägten Zeit leben und mir wird
zunehmend unbehaglich.

„Konnte man das denn nicht absehen?",
will ich wissen,

„ich meine, gab es damals denn keine Menschen, die
die Mechanismen durchschauten, die Alternativen
hatten oder eine Vision, wie es besser laufen könnte?"

„Tja, meine Liebe, das ist der Grund weshalb du hier
bist",
sagt mein Fremdenführer geheimnisvoll.
„Wo die Not ist, da wächst das Rettende auch.
Du hast heute die Chance, in die Zukunft zu sehen.
Die bekommt nicht jeder!
Also, sieh dich genau um und merk dir, was du
gesehen hast.
Es gibt immer eine Lösung für Probleme, nur hängt
alles vom Bewusstsein der Betreffenden ab.

Menschen haben nun mal die Angewohnheit,
Schwierigkeiten so lange wie möglich zu verdrängen
und die Lösungen dort zu suchen, wo sie sie in
vergangenen Zeiten üblicherweise zu finden
gewohnt waren.

Aber Zeiten ändern sich und was gestern noch richtig
war, muss heute nicht mehr zwingend funktionieren.

So war das auch damals.

Das Bewusstsein der Menschheit war noch nicht
bereit für die Erkenntnis, dass in einer Gesellschaft
alle Menschen zusammengehören und dass sich ein
glückliches und erfolgreiches Leben nicht auf Kosten
Anderer führen lässt.

Heute ist uns das selbstverständlich, aber damals

lebte man im Gefühl des Mangels.

Man hatte Angst, selbst zu kurz zu kommen und
versuchte, andere auszutricksen um sich deren
Ressourcen unter den Nagel zu reißen im Irrglauben,
man könne auf anderer Leute Kosten glücklich sein.

Selbst die reichen Leute spürten dies.
Vielfach führten sie ein sinnentleertes Schicki-Micki-
Leben, versuchten, der empfundenen Leere mit Hilfe
von Drogen und einem ausschweifenden Lebensstil
zu entgehen und endeten doch nur in Verzweiflung."

„Reichlich dämlich!",
werfe ich dazwischen,
„gerade die hätten doch alle Möglichkeiten gehabt!"

„Tja, das denkst du",
wendet mein Fremdenführer ein,
„Du wirst noch sehen, ein Haupt-Denkfehler eurer
Zeit ist: ihr überbewertet Geld !
Geld ist in Wirklichkeit NICHTS!
Ein Konstrukt eures, tut mir leid das sagen zu
müssen, fehlgeleiteten Wertesystems.
Geld ist ursprünglich dazu erfunden worden, euch
das Warentauschen organisatorisch zu erleichtern.

Wie das beim Menschen leider immer so ist, hat sich
dieses an sich sinnvolle Vorgehen mit der Zeit ver-
selbständigt und pervertiert.
Ihr habt Geld von einem sinnvollen Hilfsmittel zu
einem Gott hochstilisiert - zu eurem eigenen
Nachteil."

4

„Das Problem begann, als sich das Zinssystem
entwickelte.
Ihr fingt an, Geld gegen Zinsen zu verleihen.
Jemand, der einem anderen Geld lieh, bekam mehr
dafür zurück, als er eingesetzt hatte.
Er bekam es, ohne dafür irgend etwas tun zu
müssen, ohne Arbeit oder eine sonstige Leistung.
Nun gibt es ein Gesetz der Materie, das besagt, dass
jede Kraft eine gleich große Gegenkraft generiert."

„Was hat das denn mit Geld zu tun?" will ich wissen.

„Sehr viel", sagt mein Begleiter,
„um genau zu sein: alles.
Denn wenn ich auf der einen Seite Geld fordere für
eine Leistung, die ich NICHT erbringe, muss es auf
der anderen Seite eine Leistung geben, für die es
KEIN Geld gibt, obwohl sie geleistet wurde.

In unserem Fall sind das die Zinsen.
Dafür arbeitet derjenige, der sich Geld leihen muss,
ohne etwas als Gegenwert dafür zu erhalten.
Auf diese Weise sind viele Menschen reich
geworden, durch Leistungen anderer und auf deren
Kosten.

Es ist also nicht so, dass das Geld „auf der Straße"

liegt und man sich nur bücken muss, um es
aufzuheben, sondern ein entsprechender Gegenwert
ist immer vorhanden, wenn auch nicht ursächlich bei
dem, der von dem Geld Nutzen zieht."

„Sehr unfair das Ganze",
werfe ich ein,
„dann zocken ja wenige die Energie und Leistung von
vielen ab!"

„So sieht es aus!", grinst mein Fremdenführer,
„zu eurer Zeit bekam das System eine derartige
Eigendynamik, dass sich immer mehr Kapital in den
Händen einiger weniger ansammelte und dafür
immer größere Massen an Menschen in die Armut
getrieben wurden.
Auf internationaler Ebene geschah das Gleiche
zwischen den reichen „westlichen" Ländern und den
so genannten Entwicklungsländern der dritten Welt.
Aber, keine Angst, wir haben das Problem gelöst, wie
du noch sehen wirst."

Es wird immer geheimnisvoller.
Ich fühle mich wie elektrisiert, jetzt will ich es aber
sofort wissen.

„Sag schon, wie habt ihr diese Ungerechtigkeit besei-
tigt?
Habt ihr die Reichen enteignet und alles Geld den
Armen zurückgegeben?"

„Man sieht, du kommst aus einer anderen Zeit!",
schmunzelt mein Begleiter,

„ihr sucht die Lösung immer in einem
„Mehr desselben".
Ihr versucht, scheinbar erfolgreiche
Problemslösungsstrategien auf neue Fragen
anzuwenden.

Das funktioniert meistens nicht.
So war es auch beim Umgang mit dem Geld.
Als die eklatante Ungerechtigkeit des Ressourcen-
Verteilungssystems klar ersichtlich wurde, versuchte
man, das vorhandene Geld umzuverteilen.
Man ging aber nicht an den Kern des Problems,
sondern versuchte es mal wieder mit den
bekannten, in Politik und Gesellschaft üblichen
Symptom-Kurpfuschereien.
Nimm es mir nicht übel, ihr seid leider in eurer
Kreativität in Bezug auf Problemlösungen nicht
gerade die Überflieger!"

„Also, hör mal",
werfe ich ein,
„was hätten wir denn statt dessen tun sollen?"

„Nun sei doch nicht gleich beleidigt.
Es ist für Menschen immer schwer, mit
liebgewordenen Gewohnheiten zu brechen und über
den Tellerrand hinaus zu sehen.

Immerhin waren wir damals mit einer Verkettung
unglücklicher Umstände konfrontiert, die auf die
übliche Weise nicht zu lösen waren.
Glücklicherweise gibt es in jeder Gesellschaft immer
Visionäre, die eine Vorstellung von Alternativen

entwickeln.
So war es auch in unsrer Vergangenheit, deiner
Gegenwart, wenn mir die Bemerkung erlaubt ist.“

“Schon gut, ich werde mich zusammenreißen,
schließlich bin ich ja hier um zu lernen.
Ich finde das Ganze extrem spannend.
Komm schon, erzähl weiter- wie habt ihr das
Verteilungsproblem gelöst?
Und warum hat das mit der Umverteilung von oben
nach unten nicht geklappt?
Wäre doch zu schön gewesen!“

„An sich keine schlechte Idee“,
gibt meine Fremdenführer zu bedenken,
„das Ganze hat aber ein paar Haken, wie du gleich
sehen wirst.
Es kam damals eine Idee auf, den Menschen ein so
genanntes „bedingungsloses Grundeinkommen“ zu
gewähren.
Das war Geld, das jeder unabhängig davon
bekommen sollte, ob er arbeitet oder nicht.

Die Idee an sich war nicht schlecht, hat aber leider
ein paar Bedingungen des Menschseins grundlegend
ignoriert, nämlich die menschliche Trägheit und die
Neigung, Gewohnheiten eher schwer wieder
aufgeben zu können, wenn man sich vorher nicht
grundlegend gewandelt hat.

Nachdem es unter den Jugendlichen erhebliche
Krawalle gegeben hatte, versuchte man, diese durch
eben das „bedingungslose Grundeinkommen“

einzudämmen.
Jeder bekam also so viel Geld, dass er eben
überleben konnte, ohne arbeiten zu müssen.
Man hoffte damals, die randalierenden Jugendlichen
so bei Laune halten zu können.

Leider, und aus unserer Sicht ist das nur logisch,
löste das Grundeinkommen in keiner Weise die
Probleme.

Nach wie vor hatten die Jugendlichen keine
Perspektive, man hatte eben noch nicht verstanden,
dass Menschen ein Ziel brauchen, dass das
menschliche Bedürfnis nach Entfaltung, Entwicklung
und Erfahrung, nach Lernen, Wachsen und
Umsetzung der eigenen Vision von Leben DAS
zentrale Anliegen des Menschseins ist.

Heute wissen wir das natürlich und haben unsere
Gesellschaft darauf ausgerichtet.“

„Soll das heißen, ihr müsst für euren Lebensunterhalt
arbeiten und findet das auch noch toll?
Ich dachte, es ist alles relaxt hier und niemand muss
mehr arbeiten.
Dann finde ich die Zukunft nicht gerade
erstrebenswert!“

Ich bin enttäuscht.

„Warts ab“, beruhigt mich mein Begleiter,
„du wirst gleich verstehen, dass das Ausruhen in der
sozialen Hängematte für die Menschen eher Unglück

erzeugt.
Für die meisten von euch, die ihr unter unwürdigen
Verhältnissen arbeitet, muss die Aussicht auf
immerwährenden Urlaub wie das Paradies
erscheinen.
Das hat sich aber sehr gewandelt.
Wir haben ein grundlegend verändertes
Menschenbild."

„Na da bin ich aber mal gespannt!
Arbeit soll Spaß machen?
Kann ich mir kaum vorstellen!
Aber jetzt rück doch erst mal damit raus, wie ihr das
Geld- Verteilungsproblem gelöst habt.
Das interessiert mich im Moment viel mehr!"

5

„Es hängt alles miteinander zusammen.
Du wirst noch sehen, dass der Wendepunkt in der
gesellschaftlichen Entwicklung in dem Moment
gekommen war, als wir anfingen, über uns und
unsere menschlichen Bedingungen undogmatisch
nachzudenken.
Wir erkannten, dass der Mensch eigentlich nur eine
Sache wirklich braucht: Liebe."

„Ach, das!"
Ich bin schon wieder enttäuscht.
„Alter Hut!"

„Moment mal, ich glaube du hast eine etwas
veraltete Vorstellung von Liebe.
Wir verstehen unter Liebe nicht den Ausdruck eines
Gefühls, sondern eine Entscheidung, sich selbst und
andere Menschen bedingungslos anzunehmen und
ihnen, ebenso wie sich selbst, das Beste
zuzugestehen."

„Ach so, liebe deinen Nächsten wie dich selbst?"

„Genau!
Good old Jesus wusste schon, was er sagte.

Leider hat man ihn im Laufe der vergangenen Jahrhunderte immer wieder missverstanden und seine Lehre zur Unterdrückung statt zur Befreiung anderer missbraucht.
Man hat den Menschen Angst und Schuldgefühle in Gottes Namen eingeimpft und ihn zu etwas Unwürdigem erklärt.
Man machte sie glauben, Jesus sei, unschuldig wie er war, für SIE am Kreuz gestorben.

Was für eine perverse Vorstellung!

Da opfert ein „liebender" Gott seinen „einzigen" Sohn für eine Herde ignoranter, gewalttätiger, unwürdiger Menschen, die in der Folge ewig mit dem Schuldgefühl herumlaufen müssen, was sie einem Unschuldigen indirekt aber trotzdem ursächlich verantwortlich antaten.

In Anbetracht dieser vermeintlichen Schuld taten die Gläubigen Jahrhunderte lang gut daran, sich möglichst allen Verfügungen der Mächtigen zu beugen und gefälligst ihr unwürdiges, weil derart schuldbeladenes Dasein gehörig zu bedauern.

In Wirklichkeit war Jesus selbst ein leuchtendes Vorbild, eben weil er niemanden verurteilte und schon gar nicht die Schuld für irgend etwas zuschob."

„Gibt es denn bei euch keine Kirchen oder Religionen?" will ich nun wissen.

„Wir brauchen keine Vermittlung zwischen uns und

dem Göttlichen",
erklärt mein Fremdenführer,
„deshalb gibt es auch keine Kirche in dem euch
bekannten Sinne mehr.
Wir treffen uns regelmäßig in kleinen Gruppen,
wobei es dabei keinen „Priester" oder sonst einen
Gruppenleiter gibt.
Dort besprechen wir alles, was uns am Herzen liegt
und wir meditieren auch, aber das macht jeder
selbst zwischen sich und dem Göttlichen ab.
Jeder Einzelne hat da seinen eigenen Zugang, da gibt
es ebenso viele wie es Menschen gibt."

Ich bin beeindruckt.

„Wir waren bei der Liebe – wenn ich dich richtig
verstehe, wollen Menschen nur lieben und geliebt
werden?"

6

„Genau so ist es.
Wenn ein Kind zur Welt kommt in eine Atmosphäre
der liebenden Toleranz und Wertschätzung, dann
kann es mit wenigen Ängsten aufwachsen und sich
so entfalten, wie es von Natur aus angelegt ist.
Dazu gehört, die Andersartigkeit des Kindes zu
akzeptieren und ihm kein Leben aufzuzwingen, das
ihm nicht gerecht wird."

„Was hast du eben von Angst gesagt?
Wenige Ängste?
Ich fände, es wäre besser, wenn es keine Ängste gäbe.
Also, ich kann darauf gut verzichten!",
werfe ich ein.

„Angst gehört zum Menschsein dazu",
sagt mein Begleiter ernst.
„Solange wir einen zerbrechlichen und verletzlichen
Körper haben, ist eine gewisse Angst unvermeidlich.
Es gibt aber unnötige Ängste, die es zu minimieren
gilt, und das haben wir, denke ich, recht gut
gemeistert.

Bei uns muss niemand zum Beispiel Angst vorm
Verhungern oder Erfrieren haben.
Und wenn eine Angst auftaucht, gibt es Menschen,
die darauf spezialisiert sind, sich ängstlicher
Menschen liebevoll anzunehmen und ihnen zu
helfen, mit ihrer Angst umzugehen."

„Das gibt es bei uns auch, es gibt Therapeuten, die mit
den Patienten arbeiten, damit diese ihre Angst
überwinden."

„Der Unterschied ist",
sagt mein Fremdenführer,
„dass ihr die Angst ÜBERWINDEN wollt.
So festigt sie sich noch mehr.
Alles, wogegen man kämpft, wird durch diesen
Kampf nur stärker.
Wir legen unseren Schwerpunkt eher auf den
Umgang mit der Angst und die Bemühung, die Angst
als etwas Normales zu sehen und mit ihr kreativ
umzugehen."

„Na gut, das habe ich jetzt begriffen", sage ich,
„aber wir sprachen über das Geldverteilungsproblem.
Wie habt ihr das denn nun gelöst?"

7

„Nachdem wir verstanden hatten, dass die Welt
nach bestimmten Gesetzmäßigkeiten funktioniert,
haben wir uns diese zunutze gemacht.
Wir fanden heraus, dass hier eine allgemeine
Gesetzmäßigkeit Anwendung findet, nämlich die
Vergänglichkeit alles Irdischen.

Alle Materie auf der Welt geht irgendwann unter.
Das ist ihre Natur und hat seinen spezifischen Wert.
Wenn unser Leben sinnvoll sein soll, kann es keinen
Bereich geben, der diese grundsätzliche Wahrheit
ausklammert, denn dann entspricht sie nicht den
irdischen Gesetzmäßigkeiten.
Der Weg alles Irdischen ist zunächst der des
Aufstiegs, der Blüte, dann des Abstiegs und schließ-
lich des Todes, aus dem dann neues Leben entsteht.
Soweit klar?“

„Klar!“, sage ich,
„aber was hat das jetzt mit dem Geldverteilungssystem
zu tun?“

„Sieh mal, wenn ich mir ein Auto kaufe, dann wird
es mit der Zeit alt, reparaturanfällig, schließlich muss

ich es entsorgen und mir gegebenenfalls ein neues kaufen.
Es geht sozusagen den Weg alles Irdischen."

„Logisch!"

„Ebenso ist es mit allen Gütern, die ich mir kaufen kann, selbst ein Haus wird alt und baufällig, verliert also kontinuierlich an Wert. Güter des täglichen Bedarfs wie beispielsweise Lebensmittel natürlich erst recht.

So weit so gut.

Nun schert aber unser Umgang mit Geld aus dieser natürlichen Gesetzmäßigkeit aus.
Geld wird eben nicht „alt und morsch", sondern durch Liegenlassen „vermehrt" es sich auch noch, das bedeutet, wenn ich es NICHT ausgebe, vermehrt es sich, es wird also im Verlauf von Zeit nicht WENIGER wert sondern MEHR.

Das widerspricht den Gesetzmäßigkeiten alles Lebendigen.

Geld erkannten wir also als etwas „Totes", das ähnlich wie ein schwarzes Loch im Universum Leben anzieht, absorbiert und damit vernichtet.
Eine höchst gefährliche Angelegenheit, wie wir bald feststellen mussten, die unser Leben und unsere Gesellschaft und mit ihr die Menschen mit ihrer Zerstörungskraft zu ersticken drohte.

Deshalb wurden zu eurer Zeit auch die Reichen immer reicher und die Armen immer ärmer, ein Teufelskreis, der wie in eurer Vergangenheit immer wieder zu beobachten war, ohne Eingreifen unweigerlich ins Chaos geführt hätte.
Als Hauptursache für die unnatürlichen Mechanismen des Finanzwesens stellte sich das Zinssystem heraus, das diejenigen belohnte, die ihr Geld eben nicht investierten, sondern zurückhielten.

Nun ist das Zurückhalten von Energie in lebenden Systemen immer ein Anzeichen des beginnenden Todes.

Nachdem wir der Gefährlichkeit des Vorgangs gewahr geworden waren, lenkten wir gegen. Zunächst waren die Gewinnler, die Reichen, die Großbanken und Großaktionäre, natürlich dagegen, aber wir konnten sie mit Hilfe komplizierter strategischer Schachzüge schließlich überzeugen, dass der Todessog aus unserem Geldsystem auf Dauer auch sie selbst und nicht nur die Armen in den Abgrund ziehen würde.

So kamen wir zu dem Schluss, dass das Geldsystem in das Gesetz der Vergänglichkeit alles Natürlichen einbezogen werden musste, wenn es uns nicht zum Verderben werden sollte.

Wir beschlossen also, einigen Visionären aus dem frühen 20. Jahrhundert zu folgen und deren System auszuprobieren, wonach das Geld regelmäßig nach einer gewissen Zeit einer „Entwertung" unterworfen wurde.

Geld liegen zu lassen machte also keinen Sinn mehr,
weil es damit den Weg alles Irdischen ging, nämlich,
weniger Wert zu werden.
Wir revitalisierten das Geldsystem auf diese Weise
und der Erfolg überstieg unsere kühnsten Vorstellungen.

Menschen mit mehr Geld investierten zunächst
ihren Überfluss in alles Mögliche an Konsumgütern
und, weil sie irgendwann einmal alles Lebensnot-
wendige und dazu noch alles erdenklich Unnötige
und Luxuriöse besaßen und immer noch
unglaubliche Summen auf ihren Konten lagen, fingen
sie an, andere, weniger begüterte Menschen zu
unterstützen und ihnen Geld für Investitionen zinslos
zu leihen.
Durch Beteiligungen an deren Erfolgen wurden sie
ihrerseits immer wohlhabender und konnten immer
mehr arme Menschen unterstützen.

Sie merkten überdies, wie viel mehr Freude es
macht, andere Menschen zu unterstützen, als Geld
in immer dekadentere, überflüssige Materie zu
pumpen, die sie auch nicht glücklicher machte.

Durch diesen einen Schritt der turnusmäßigen
Entwertung des Kapitals schafften wir es, ohne von
oben umverteilen zu müssen, dass sehr schnell die
Armen UND die Reichen reicher wurden, ein
klassisches Win-win-System, aus dem alle Beteiligten
schließlich Vorteile bezogen.

Luxusgüter wurden für weite Teile der Menschheit erschwinglich, die damals so genannte „Dritte Welt" wurde von einem Tag auf den anderen schuldenfrei und begann, ihre Probleme friedlicher zu lösen, weil sie ihre existenziellen Nöte hinter sich lassen konnte.

Das sparte den westlichen Ländern eine erhebliche Summe an Entwicklungs- und Rüstungsausgaben, ganz von der Tatsache abgesehen, dass nicht mehr Millionen von Menschen auf der Flucht vor unhaltbaren Zuständen in ihren Heimatländern die wohlhabenderen Staaten mit ungehemmter Zuwanderung bedrängten.

Bewaffnete Konflikte gab es immer seltener und die Welt wuchs auf eine Weise zusammen, die die großen Skeptiker aus Banken und Politik nie für möglich gehalten hatten.
Und das alles nur, weil einige wenige Reiche endlich die Verantwortung übernommen hatten und ihren Reichtum und potenzielle Gewinne in der Zukunft für die Entwicklung der Menschheit zur Verfügung stellten."

Ich habe Mühe, mitzukommen und kann nicht glauben, was ich da höre.

„Das glaube ich nicht, das kann nicht so einfach gewesen sein!
Warum fällt das bei uns keinem ein?",
gebe ich zu bedenken.

8

„Der Mensch ist ein Gewohnheitstier",
erwidert mein Gegenüber,
„manchmal ist sogar die Lösung komplexer Probleme
sehr einfach, aber aus alter Gewohnheit kommen
wir einfach nicht drauf und suchen sie eben da, wo
sie bisher immer war.
Zugegeben, es erwies sich damals als sehr schwer,
die Machthaber von dem Konzept zu überzeugen,
weil sie sich kaum vorstellen konnten, ihre
Privilegien mit dem gemeinen Volk zu teilen.

Doch nachdem die Welt immer mehr auf den
Abgrund zu taumelte, wurde sogar denen in ihrem
Elfenbeinturm klar, dass man so nicht weitermachen
konnte.

Menschen lernen meist erst, wenn sie mit dem
Rücken zur Wand stehen, so richtig „in der Tinte"
stecken und kein anderer der üblicherweise
beschrittenen Auswege Erfolg verspricht.
Erst dann ziehen sie in Betracht, dass ihre
gewohnheitsmäßige Vorgehensweise überdacht
werden könnte.
Glücklicherweise war die Bewusstheit der
Menschheit Anfang des 3.Jahrtausends weit
genug fortgeschritten, dass die eklatanten Fehler

der Menschheitsgeschichte, beispielsweise die der
französischen Revolution, nicht wiederholt werden
mussten."

Ich fühle mich erleichtert.
Das Szenario, das hier vor mir ausgebreitet wird, hat
mich zunächst erschreckt.
Wird es eine Möglichkeit geben, ohne die üblichen
Katastrophen als Menschheit zu wachsen und auf der
Erde eine Gesellschaft von gegenseitiger Toleranz und
Wertschätzung zu etablieren?

Wenn ich mir die Menschen in dieser Umgebung, in
der ich mich gerade befinde, so anschaue, wie sie
fröhlich schwatzend und mit leuchtenden Augen an mir
vorbeiziehen, erfüllt mich das mit Optimismus.

Scheinbar haben sie (wir?) es geschafft, über ihren
(unseren) Schatten zu springen und eine schöne,
neuartige Welt zu kreieren, sozusagen wie Phönix aus
der Asche zu steigen.
Ich will mehr wissen.
Es kann nicht allein an der Umverteilung der
materiellen Ressourcen gelegen haben.
Vielleicht sollte ich penetranter fragen?

„Französische Revolution?
Dieser vorsintflutlichen Vorgehensweise sind selbst wir
doch längst entwachsen!"
Bisher dachte ich immer, dass unsere Gesellschaft
vergleichsweise fortgeschritten ist.
Aber mein Begleiter ist anderer Auffassung.

„Denkst du", schmunzelt er.
„Was ist denn damals in Frankreich genau passiert?
Ich werde es dir verraten!

Die Obrigkeit wurde von Tag zu Tag unverschämter.
Das Volk hungerte und musste von dem Wenigen,
was es sich hart erarbeitet hatte, noch einen
Großteil für das Luxusleben des Adels abgeben,
Dekadenz und Willkür machten sich breit und die
Herrschenden wurden immer gieriger und
hemmungsloser.

Irgendwann konnte man das Volk in seiner Not auch
mit Gewalt nicht mehr zurückhalten und es zerstörte
in seiner Verzweiflung und Ohnmacht alles, was es
unterdrückt hatte, zum Schluss unter Ausbruch ewig
angestauter Wut auch sich selbst.

Das war die gesamte Menschheitsgeschichte hin-
durch im Allgemeinen das Verhaltensmuster.

Lebende Systeme neigen dazu, wenn sie ihren
Höhepunkt, die Blüte, überschritten haben, in
Dekadenz abzudriften und sich durch Provokation
der „Verlierer" selbst zu zerstören.
Leider habt ihr, unter veränderten Vorzeichen, die
gleiche Situation in eurer „westlichen" Gesellschaft .

Ihr habt eine „Obrigkeit", heute nicht mehr in Gestalt
von Königen und Adeligen, sondern in Form des
„Geldadels", Banken, Groß-Aktionäre kurz
diejenigen, die die Menschen und Länder, denen sie
ihren Reichtum verdanken, schamlos ausnutzen, sie

demütigen und in die Armut treiben.
Sie brüsten sich mit ihrem Reichtum und verhalten
sich genau so dekadent wie der Adel im
vorrevolutionären Frankreich.“

9

Nun bekomme ich doch Angst.

„Und – werden wir eine Revolution bekommen?
Ich hab keine Lust, mir wegen der Halsstarrigkeit
unserer „Eliten" die Birne einschlagen zu lassen!"

„Das muss nicht sein!", sagt mein Fremdenführer
geheimnisvoll.
„Ihr habt es in der Hand, das Ruder rechtzeitig
herum zu reißen.
Ihr lebt im Informationszeitalter.
Über das Internet ist fast jedem fast jederzeit fast
jede Information zugänglich.

Ihr müsst nicht alle leidvollen Erfahrungen der
Vergangenheit immer und immer wiederholen.
Ihr könnt lernen und wachsen und neue, kreative
Lösungen finden.
Und ich sage dir: es ist schon geschehen.
Ich kann dir von hier aus sagen, dass wir hier in einer
eurer möglichen Zukünfte leben, es liegt an euch."

„Aber ich kann doch nichts machen - weder habe ich
Geld noch sonst einen Einfluss auf andere oder gar auf
die Politik",
sage ich zweifelnd.

„Das sagt ihr immer.
Du musst auch nichts TUN, hör nur gut zu und
schreib auf, was du gehört hast.
Den Rest überlass einer höheren Intelligenz.“

„Dass ich ein bisschen doof bin weiß ich selbst“,
wage ich einzuwerfen.
„Du musst verstehen, wir sind alle ziemlich
orientierungslos und haben Angst vor der Zukunft und
kaum eine Idee, wie wir etwas ändern können.“

„Weiß ich doch“,
sagt er versöhnlich,
„deshalb bin ich ja hier oder besser: du bist hier.
Mach dir keine Gedanken, was aus der Welt wird.
Hör einfach zu und merk dir die Einzelheiten.
Mehr wird nicht von dir verlangt.“

„Na, da bin ich ja beruhigt“,
sage ich, kein bisschen beruhigt.
Aber die Neugier überwiegt.

„Mach dir wegen einer möglichen Revolution keine
Gedanken“,
versucht mich mein Fremdenführer zu beruhigen,
„Angst macht die Sache nicht besser und wenn du
auf die Zukunft immer wie ein Kaninchen auf die
Schlange starrst, lähmt dich das und verhindert, dass
du dich mit den Möglichkeiten beschäftigst, die euch
bleiben.
Also, ruhig Blut und Ohren auf!
Übrigens auch: Augen auf.
Schau dir die Menschen einmal an, die hier so

kommen und gehen - fällt dir etwas auf?"

„Die sind alle so gut drauf – welche Drogen nehmen
die?
Die will ich auch!"

„Ha, ha! Jetzt mal im Ernst – du wunderst dich über
die Offenheit und die offensichtliche Lebensfreude?
Wir haben aus den Fehlern der Menschheitsgeschichte gelernt.

Wir leben in einer euch möglichen Zukunft."

10

„Ihr habt die Macht, genau hier, unter uns,
anzukommen.
Es ist eine Frage eurer Entscheidung und nicht eines
vorherbestimmten Schicksals.
Ihr gestaltet euer Schicksal selbst, mehr als ihr ahnt.
Was du hier siehst sind Menschen, die in einer
liebevollen Gesellschaft groß geworden sind, sie
kennen keine Kämpfe um existenzielle Ressourcen
und auch keine Existenzsorgen.

Ihr Leben gestalten sie in der Entdeckung ihrer
individuellen Eigenart und in Kreativität, Wachstum
und Entwicklung, als Ebenbilder Gottes.

Jeder bekommt bei uns die Möglichkeit und den
Raum, sich selbst und die Welt zu entdecken und in
Würde und Selbstbestimmung sein Leben zu
organisieren.“

Ich bin schwer beeindruckt.

„Das muss aber eine Stange Geld gekostet haben, ich
meine, von wegen keine Existenzsorgen und so.“,
gebe ich zu bedenken

„Es war alles eine Frage der
Bewusstseinsentwicklung der Menschheit.

Ihr werdet bald die Nase voll haben vom ewigen
Existenzkampf, der Vormacht der individuellen
Selbstsucht Einzelner, der Rücksichtslosigkeit, der
Gewalt und der ewigen Angst.

Ihr habt genug davon, euch gegenseitig auf dem
Altar des Ego zu opfern mit dem Ergebnis, dass ihr
hinterher in jeder Hinsicht nur noch ärmer geworden
seid.

Ihr wollt nicht mehr würdelos, mit einem
Schuldgefühl, das man euch suggeriert hat und
einem unendlichen Hass auf euch selbst herumlaufen und alle und jeden hassen, der genau so würdelos mit euch umgeht wie ihr selbst.

Ihr möchtet das Leben endlich genießen und
alles erleben, was ihr als verletzliche, aber dennoch
unendlich starke Wesen erleben könnt, aber in Liebe
und gegenseitiger Unterstützung.
All das wollt ihr und doch fällt es euch so schwer,
einen Weg zu finden.
Wir möchten euch zeigen, dass es möglich ist.“

„Dann zeig mir, wie wir dahin kommen können“,
sage ich mit Tränen in den Augen.

„Die Zeit eures Leidens kann vorbei sein, wenn ihr
euch dafür entscheidet“,
sagt mein Fremdenführer,

„ihr müsst endlich mit dem Jammern aufhören und
euch zusammentun, für ein besseres Leben
kämpfen, denn dafür ist eure Stärke da.
Verkriech dich nicht in deiner Bude und jaule herum,
dass die Welt so schlecht ist - misch dich ein,
kämpfe!"

„Du hast gut reden, hier in deiner heilen Welt.
Don´t worry, be happy – sehr witzig!
Bei uns wird man einen Kopf kürzer gemacht, wenn
man sich zu weit aus dem Fenster lehnt!"

„Mir kommen gleich die Tränen",
meint mein Begleiter und unterdrückt ein lautes
Lachen,
„übertreib mal nicht!
Ihr lebt immerhin nicht mehr im Mittelalter und so
ein bisschen Gegenwind kann doch für einen
ollen Kämpfer wie dich recht anregend sein, hab ich
Recht?"

„Ist ja schon gut!
Ich will ja nicht jammern und Feigheit gildet nicht!
Also, was soll ich tun?"

„Wie oft muss ich dir noch sagen, du sollst gar nichts
tun, hör einfach zu.
Und sag´s weiter.
Für die Folgen bist du nicht verantwortlich."

"Dann ist es ja gut.
Also, wo waren wir?"

„Beim Aufhören mit dem Jammern.
Was eurer Zeit fehlt ist eine positive Vision.
Etwas, wie es sein KÖNNTE, etwas, wohin zu streben
sich lohnt.
Die musst du dir nicht ausdenken, schau dich einfach
um und stell mir Fragen, ich werde sie dir ehrlich
und so ausführlich wie möglich beantworten."

„Ich hab mal einen Spruch von Antoine de Saint
Exupéry gelesen",
fällt mir gerade ein,
´Wenn Du ein Schiff bauen willst, so trommle nicht
Menschen zusammen, um Holz zu beschaffen,
Werkzeuge vorzubereiten, Aufgaben zu vergeben und
die Arbeit einzuteilen, sondern lehre die Menschen die
Sehnsucht nach dem weiten, endlosen Meer`

„Genau! Das passt hier wirklich gut!",
lobt mein Fremdenführer,
„das Wichtigste ist zunächst ein Ziel, eine Richtung,
etwas Erstrebenswertes, worauf hinzuarbeiten sich
lohnt.
Übrigens stellt das auch die einzige Möglichkeit dar,
aus der Depression eurer Zeit herauszukommen.
Ihr solltet eine Vision eines möglichen erfüllten
Lebens entwickeln."

11

„Was macht ihr denn nun anders mit euren Kindern als
wir?
Wie kommen die zu einem so aufgeschlossenen und
liebevollen Bild von sich und so ein ungebrochenes
Selbstbewusstsein?
Mir scheint, das ist die alles entscheidende Frage!"

„Da kommen wir der Sache schon näher.
Wir begriffen vor langer Zeit, dass der Mensch nur
gedeihen kann, wenn er von Anfang an Liebe und
Wertschätzung erfährt."

„Das sagtest du bereits",
maule ich,
„außerdem wissen wir das auch.
Aber es ist trotzdem selten bei uns zu finden.
Kannst du mir sagen wieso?"

„Weil ihr dieser Erkenntnis keine Konsequenzen
folgen lasst.
Ihr wisst, was der Mensch braucht, aber ihr enthaltet
es ihm wissentlich vor."

„Wieso?

Das verstehe ich nicht.
Wenn ich das weiß, werde ich doch nicht so blöd sein,
es bewusst falsch zu machen!"

Langsam geht mir diese Besserwisserei auf die Nerven.
Unsere Pädagogik weiß das seit Jahrzehnten.

„Gewohnheit",
schmunzelt mein Gegenüber,
„gedankliche Trägheit und eben Gewohnheit.
Ihr hinterfragt einige Glaubenssätze nicht, die
irgendeiner irgendwann einmal aufgestellt hat.
Wenn ihr etwas ändern wollt, müsst ihr ALLES
hinterfragen!
Es reicht nicht, Eltern ein bisschen mehr Geld zu
geben und dann zu hoffen, dass sie sich voll Hingabe
um den Nachwuchs kümmern.

Das zu glauben ist naiv.

Eltern sind, wie fast alle Menschen, zumeist
emotional stark verletzt.
Sie können nicht einmal sich selbst lieben,
geschweige denn ihre fordernde
Nachkommenschaft.

Wenn ihr etwas verändern wollt, müsst ihr es
schaffen, dass Eltern SICH SELBST LIEBEN.

Dass sie ein lebenswertes, glückliches und erfülltes
Leben führen und ihren Kindern ein positives
Beispiel geben.

Denn nur davon lernen sie.

Depressive, unglückliche, aggressive Eltern erzeugen
ebensolche Kinder.
Da eure Gesellschaft zunehmend Depression, Gewalt
und Unglück generiert, dürft ihr euch nicht wundern,
wenn eure Kinder dies über das Beispiel der Eltern
lernen.

Wenn ihr nicht gegensteuert, wird die emotionale
Verwahrlosung weiter Bevölkerungsteile euch in
kurzer Zeit zugrunde richten.

Unsere Erfahrung ist: Alles fängt bei den Kindern an!
Und für die Kinder fängt alles mit den Eltern an.

Also haben wir vor langer Zeit, als uns diese
Zusammenhänge klar wurden, beschlossen, Eltern
zu stärken.
Bei euch ist es so, dass Eltern mit ihren Kindern von
Anfang an im Stich gelassen werden.
Wenn in eurer kranken, auf „Leistung"
ausgerichteten Welt ein Kind ankommt, ist es in
erster Linie ein Kosten- und Behinderungsfaktor.

Eltern müssen auf viel verzichten, was sie sich vorher
oft mühsam erkämpft hatten:
Geld, Freizeit, Schlaf, Karriere, Urlaub usw. und
bekommen im Gegenzug dazu:
Nichts.
Menschen, die Eltern werden, sind zu eurer Zeit in
keiner Weise vorbereitet auf das, was mit der
Ankunft eines Kindes auf sie zukommt..

Sie haben, bevor sie Kinder bekommen, vielfach
romantische Vorstellungen über das Elternsein und
fallen dann aus allen Wolken, wenn sie von der
Wirklichkeit überrollt werden.
Dabei ist der Job einer Mutter oder eines Vaters der
elementarste und wichtigste der Welt, weit wichtiger
als der reichste und mächtigste
Wirtschafts-Managerposten es je sein könnte.

Sie ermöglichen es einem Kind, auf dieser Welt zu
leben und seinen Beitrag dazu zu leisten.
Ihre Liebe und Fürsorge oder ein Mangel
derselben entscheiden darüber, ob der sich
entwickelnde Mensch im Leben Erfolg und Glück
haben kann oder zu einem Leben im Schatten seiner
Möglichkeiten verurteilt ist.

Statt dringend notwendige Unterstützung gibt es
gegenüber Eltern nur Forderungen,
Schuldzuweisungen wenn etwas schief läuft und ein
permanent schlechtes Gewissen.

Wir hier und heute begreifen Kinder als eine
kollektive Aufgabe."

12

„Menschen kommen als Kinder zur Welt um ihr
Leben zu entfalten, zu lernen, zu wachsen,
Erfahrungen zu machen und der Gemeinschaft mit
ihren individuellen Talenten dienlich zu sein.

Daher haben wir vor einiger Zeit die Verantwortung
für die Kinder als Gesellschaft übernommen.

Erziehung und Psychologie sind in unserem
Bildungssystem elementare Hauptfächer.
Jeder Mensch lernt frühzeitig, mit sich selbst und
anderen liebevoll umzugehen.

Menschen, die sich ein Kind wünschen, werden in
umfangreichen Vorbereitungskursen auf diese
emotional, körperlich und intellektuell
anspruchsvolle Aufgabe umfassend vorbereitet.

Kindererziehung genießt in unserer Gesellschaft das
höchste Ansehen überhaupt, da es die
verantwortungsvollste Herausforderung ist, die es
unter Menschen geben kann.

Daher dulden wir es nicht, wenn emotional unreife
Eltern ihre Kinder allein erziehen.
Sie erhalten gegebenenfalls Unterstützung rund um

die Uhr oder können ihre Kinder ohne Schuldgefühle
teilweise oder ganz kompetenten Erziehern
übergeben.

Nicht jeder eignet sich in gleichem Maße zum
Erzieher, aber das ist nicht schlimm, so lange man
niemandem daraus einen Vorwurf macht.
Für uns genießt das Wohl und die positive
Entwicklung des Kindes äußerste Priorität"

„Du meinst, den Leuten werden die Kinder
weggenommen?",
wage ich einzuwerfen,
„das ist ja ziemlich brutal!"

„Ihr versteht Kinder als Eigentum ihrer Eltern",
widerspricht mein Begleiter,
„das sind sie aber durchaus nicht.
Kinder gehören sich selbst und wir als Gesellschaft
gewährleisten, dass sie sich bestmöglich entwickeln.

Dazu sind die leiblichen Eltern hilfreich, aber nicht
zwingend notwendig.
Es gibt unzählige Menschen, die nicht biologische
Eltern werden können oder wollen, sich aber als
Erzieher wesentlich besser eignen als andere.
Nur weil ich ein Kind zur Welt gebracht habe,
qualifiziert mich das nicht automatisch zu einem
guten Begleiter für dieses Kind.
Der Beruf des Erziehers genießt in unserer
Gesellschaft die allerhöchste Anerkennung!"

„Bei uns ist alles, was mit Kindern zu tun hat, eine

traditionell „weibliche" und daher als minderwertig angesehene Tätigkeit."

„Ja, ihr habt eben über entscheidende Faktoren des Menschseins noch nicht systematisch nachgedacht. Sonst hättet ihr erkennen müssen, dass ihr euch mit der notorischen Ignoranz der wirkliche wichtigen Lebensbereiche und der künstlichen Aufblähung eigentlich unwichtiger Spielplätze wie beispielsweise der Hochfinanz euer eigenes Grab als Gesellschaft schaufelt."

„Jetzt bist du aber pessimistisch",
wage ich einzuwerfen,
„eben hast du gesagt, ich soll eine positive Vision entwickeln, das hörte sich aber überhaupt nicht positiv an!"

„Sorry, manchmal geht es mit mir ein bisschen durch",
entschuldigt sich mein Fremdenführer,
„wenn ich an diese düsteren Zeiten zurückdenke, empfinde ich ein solches Mitgefühl mit meinen Vorfahren – und ein Bedauern, dass es so lange gedauert hat, die hinderlichen Glaubenssätze abzulegen."

„Wie lange denn?", will ich wissen.

„Das tut jetzt nichts zur Sache.
Die Geschwindigkeit, in der sich etwas verändern kann, hängt entscheidend von eurer Offenheit, eurer Lernfähigkeit und auch der Stärke eures Leidens-

drucks ab.
Ihr bestimmt also weitgehend selbst, wie lange ihr
noch unnötig leiden wollt.

Ich beschreibe dir jetzt weiter, wie es bei uns zugeht,
damit du verstehst, was den Unterschied macht.

Solange sich eine Mutter oder ein Vater um ein
kleines Kind kümmert, übernimmt die Gesellschaft
alle Kosten, eben nicht nur ein mickriges Kindergeld,
sondern sämtliche Einnahmen, die der Familie durch
die Betreuung des Kindes entgehen.
Alle Unterstützungsmaßnahmen stehen
selbstverständlich jederzeit und kostenfrei zur
Verfügung.

So sind Babysitter frei verfügbar und auch sonst gibt
es jede erdenkliche Hilfe für die wichtigste Aufgabe
der Gesellschaft.
Kinder mit Handycaps bekommen darüber hinaus
die bestmögliche Förderung.

Wenn das Kind größer wird, wird es in Gruppen
Gleichaltriger seinen Fähigkeiten und seiner
Entwicklung entsprechend betreut."

„Also, alle müssen in den Kindergarten?"

„Das musst du nicht als Zwang sehen.
Ab einem bestimmten Alter sind Kinder zusammen
mit Gleichaltrigen am besten aufgehoben.
Hier lernen sie, andere zu akzeptieren, auf sie
zuzugehen, zusammen zu arbeiten, aber auch sich

abzugrenzen und für sich zu sein.
Natürlich sind die Gruppen sehr klein und individuell
zusammengestellt.

Grundsätzlich lernen unsere Kindergartenkinder
englisch, da es die Sprache ist, die überall auf der
Welt gesprochen wird."

„Das hört sich fast an wie bei uns – da machen wir
wohl doch nicht alles falsch?"

„Na, ganz so ist es auch nicht.
Bei uns gibt es keine großen Gruppen, die Kinder
sind mit zwei Betreuern in Gruppen von 5-7
Gleichaltrigen organisiert.
So kann jedes Kind einzeln gefördert werden, und
jeder Erzieher ist in der Lage, sich um jedes Kind
individuell kümmern zu können."

13

„Und wie ist es mit Gewalt unter Kindern?
Was macht ihr mit den kleinen Rüpeln?",
will ich wissen.

„Die Gewaltbereitschaft, wie du sie kennst, gibt es
bei uns nicht.
Kinder, die einen höheren Bewegungsdrang haben,
gehen bei Bedarf in die Bewegungsräume oder sie
veranstalten ein Kämpfchen mit ihren Freunden,
wir haben da eine Menge effektiv wirkender Rituale
entwickelt.
Im Allgemeinen sind sie nach einer gewissen Zeit
wieder recht friedlich.

Überhaupt ächten wir Aggressionen nicht auf die
gleiche Weise wie ihr es tut.
Aggressionen, nicht Gewalt, gehören zum Leben
dazu und müssen ausgelebt werden.
Ohne die aggressive Energie würde in unserer Welt
nicht viel, auch nichts Positives, passieren.
Sie ist also nötig und wir haben gelernt, sie in
konstruktive Bahnen zu lenken und keineswegs, sie
zu verteufeln."

„Moment mal",
werfe ich empört ein,
„man kann doch der Gewalt nicht erlauben, sich
ungehemmt auszubreiten!"

„Ich rede auch nicht von Gewalt!",
erklärt mein Fremdenführer geduldig,
„sondern von Aggression - reiner aktiver Energie,
die irgendwie ausgelebt werden will und die auch
dringend benötigt wird.

Woher willst du die Energie nehmen, etwas in
deinem Leben zu verändern, wenn du nur Friede-
Freude- Eierkuchenmäßig in der Gegend herumsitzt
und „Peace" flüsterst?

So hat sich noch nie etwas bewegt und das ist auch
bei uns nicht anders.
Menschen mit einem hohen Energiepotenzial haben
die Funktion, etwas in Gang zu bringen, etwas zu
verändern, Initiative zu ergreifen und diese Aufgabe
zu übernehmen ist hier genauso wie bei euch bitter
nötig.

Aber da ihr diese Energie so verteufelt habt, steht sie
euch nur eingeschränkt zur Verfügung und ihr habt
Angst sie einzusetzen.
Deshalb fehlt euch oft der Mut, ungute Zustände
rechtzeitig zu erkennen und etwas Neues zu wagen.
Das solltest du am besten wissen!"

„Ok, you win!

Also, erzähl weiter, was wird aus den Kindern, wenn sie
älter werden? Müssen sie dann in die Schule?
Erzähl mir nicht, die habt ihr auch nicht mehr!"

14

Mein Begleiter schaut auf und mustert mich
ausführlich.

„Tja, Schule",
sagt er mit leicht ironischem Unterton,
„die haben wir schon kurz nach deiner Zeit
abgeschafft."

Also doch!

„Wie jetzt?",
frage ich erstaunt,
„das glaube ich nicht.
Du hast am Anfang gesagt, dass die Leute hier lernen.
Sind wir nun in einer Schule oder nicht???"

„Genau genommen - nein.
Dies hier ist ein Institut - in diesem Fall das für
Physik.
Es ist keine Schule im üblichen Sinne.
Es wird wohl am besten sein, ich erkläre es dir von
Anfang an.
Da muss ich aber wieder ein bisschen ausholen!"

"Nur zu",
muntere ich ihn auf.
Jetzt will ich alles wissen.

„Nun, kurz nach deiner Zeit erkannten wir, dass das
herkömmliche Schulsystem völlig uneffektiv war.
Kinder wurden gegen ihren Willen zum Lernen
zwangsverpflichtet und zwar zu der Zeit und mit den
Inhalten, die den jeweiligen Herrschenden gerade
wichtig erschienen.

Neben tatsächlich wichtigen Grundtechniken wie
Lesen, Schreiben und die Grundlagen des Rechnens
versuchte man, häufig vergebens, den Kindern viele
überflüssige Einzelfakten einzutrichtern, die sie ohne
Mühe überall hätten nachschlagen können.

Demgegenüber fehlten Inhalte, die WIRKLICH
wichtig für das Leben eines Menschen hätten sein
können:
Grundlagen von Menschenkenntnis, Psychologie,
Erziehung, ja die Gesetzmäßigkeiten eines
glücklichen und geglückten Lebens wurden ihnen
gezielt vorenthalten.
Vielleicht wollte man nicht, dass die
heranwachsenden Menschen zu viele Fragen
stellten?
Ich weiß es nicht.

Jedenfalls zielten die Lerninhalte derart an der
Lebenswirklichkeit vorbei, dass die armen Lehrer zu
dieser Zeit kaum eine Chance hatten, Kinder
hinreichend zu motivieren, das langweilige Zeugs

tatsächlich zu schlucken."

„Übertreibst du jetzt nicht ein wenig?"

„Du weißt, dass es so ist, oder vielmehr war.
Wo waren wir gleich?
Ach ja, die Schule- ein steter Quell des Leids und
Unglücks für alle Beteiligten, kann ich da nur sagen.
Nicht umsonst erreichte damals kaum ein Lehrer das
Pensionsalter in einigermaßen gesundem Zustand,
weil man von ihnen die Quadratur des Kreises
erwartete:
Sie sollten zwangsrekrutierten Kindern mit
antiquierten Methoden und völlig veraltetem
Material langweilige, an der Lebenswirklichkeit der
Kinder vorbeigehende Inhalte beibringen und ihnen
dabei noch Lernfreude vermitteln.
Ein schieres Ding der Unmöglichkeit.

Zudem kamen bereits zu deiner Zeit und später noch
verstärkt viele Probleme auf die Schule zu, die sie
ohne Hilfe nicht lösen konnte.

Kurz bevor wir die entscheidende Wende vollzogen,
wurden immer mehr Eltern mit ihren Kindern nicht
mehr fertig.
Die persönliche Hoffnungslosigkeit von unzähligen
Eltern übertrug sich ungefiltert auf ihre Kinder.

Diese entwickelten daraufhin massive psychische
und psychotische Auffälligkeiten, die sie in ihre
Gruppen mitnahmen was das Leben und Lernen, das
zuvor noch in Ansätzen möglich war, vollends zum

Erliegen brachte.

Schließlich kam es so weit, dass die Schule nur noch damit beschäftigt war, die Gruppe der psychisch noch einigermaßen gesunden Schüler vor den Verhaltensauffälligen einigermaßen zu beschützen, so dass sie wenigstens an Leib und Leben unbeschadet mittags nach Hause gehen konnte.

An ein einigermaßen effektives Lernen oder gar an eine positive Persönlichkeitsentwicklung war unter diesen Umständen natürlich nicht zu denken.
Die Politik tat, was sie zu der Zeit immer tat - zunächst versuchte man, das Problem zu ignorieren, es in klassischer Politikermanier auszusitzen.

Als dann die ersten extrem gewalttätigen Übergriffe aus und auf Schulen bekannt wurden, versuchte man es mit dem einen oder anderen Reförmchen, ohne den Ursachen des Dilemmas auch nur ansatzweise auf die Spur gekommen zu sein.

Eigentlich interessierte die Politik die Bildung und Entwicklung von Kindern herzlich wenig, damals herrschte noch die Einschätzung des Bildungsbereichs als „Frauen und Gedöns".

Aber der öffentliche Druck wuchs.

Leider unterließ es die Politik aufgrund festgefahrener Gewohnheiten, Menschen zu befragen, die sich tagtäglich mit den Problemen vor Ort auseinandersetzen mussten.

Man versuchte, hier und dort ein bisschen etwas zu verändern, reformierte mal eben das System ein bisschen, forderte vom Lehrerpersonal erhöhten Einsatz, allerdings ohne sie in irgendeiner Form zu unterstützen, hatte aber das Grundproblem weder verstanden noch ansatzweise die Bereitschaft, die Bedingungen genauer zu erforschen.

Man hoffte, das Problem werde sich von allein lösen und die scheinbar allesamt etwas labilen Lehrer würden sich schon irgendwann beruhigen.
Als die Gewalt von Jugendlichen dann aber beängstigendere Ausmaße annahm und nicht nur Leib und Leben von Lehrern, sondern auch das von Politikern und anderen Bürgern bedrohte, fing man an, sich wirklich ernsthafte Gedanken zu machen.

Kurz nach deiner Zeit beauftragte man ein Institut mit einer umfassenden Analyse der Schulsituation. Die Lage war derartig eskaliert, dass man mit den „üblichen Verdächtigen" nicht mehr weiterkam.

Es kamen erschreckende Fakten zu Tage, die die Gesellschaft nun nicht mehr ignorieren konnte. Man untersuchte zunächst die Leistungen und Fähigkeiten der Schüler und fand heraus, dass sie erschreckend wenig konnten und wussten.

Zu diesem Zeitpunkt dachte man noch, es läge an den faulen Lehrern, die ihre Lehrmethoden den modernen Erfordernissen des Lebens nicht anpassen konnten oder wollten oder aber an der angeborenen Dummheit der Schüler."

„Daran lag es nicht?" frage ich erstaunt.
„Ich dachte, wenn ich nur die richtige Methode
anwende, werden die Kinder schon lernen.
Leider habe ich die noch nicht gefunden!"

„Das wollte man die Lehrer damals tatsächlich
glauben machen und wie man an dir sieht, sind die
auch reihenweise auf diese Propaganda
hereingefallen",
sagt mein Fremdenführer,
„damit hatte man einen Schuldigen und die
Garantie, dass Lehrer sich nie gegen das System
auflehnen würden, weil sie sich ob ihrer scheinbar
mangelnden Fähigkeiten schämten.
In Wirklichkeit hattet ihr nicht den Hauch einer
Chance, innerhalb des Systems Erfolg zu haben.
Es lag in der Natur der Sache, dass das Konzept
Schule, so wie es bei euch organisiert war, ein für
alle Mal gescheitert ist."

„Es wird scheitern?"
frage ich erstaunt,
„wie ist das denn passiert – oder soll ich sagen: wie soll
das denn passieren?"

„Die Zahl der Nervenzusammenbrüche von Lehrern
wuchs immens.
Zuerst schob man dies der individuellen Labilität
Einzelner in die Schuhe, aber ein paar Jahre später
konnte man diese Einschätzung nicht mehr aufrecht
halten.

Der Krankenstand in Schulen wuchs ins
Unermessliche und es gab keinen Tag mehr, an dem
der Betrieb normal „gefahren" werden konnte.
Wer eine Alternative hatte, verabschiedete sich
schleunigst aus dem Lehrerberuf und wandte sich
anderen Beschäftigungen zu.

Allen anderen blieb nur der Weg in Krankheit,
Depression und schließlich in spezielle Sanatorien,
die zu eurer Zeit wie Pilze aus dem Boden schossen.
All dies löste natürlich nicht das strukturelle
Problem.

Schließlich wurde die Politik trotz aller Versuche,
die Probleme zu ignorieren, aufmerksam und man
beschloss, zunächst einmal, eine Studie zur
Lehrergesundheit in Auftrag zu geben.
Diesmal kam man nicht umhin, die Lehrer auch
selbst zu befragen.

Das Ergebnis war ein Horror-Szenario.

Endlich nahm man das ganze Ausmaß des Desasters
zur Kenntnis.
Glücklicherweise waren einige wenige Politiker
bereit, das Ergebnis der umfangreichen Studie zur
Kenntnis zu nehmen.
Es musste etwas getan werden und es wurde etwas
getan."

„Puh", sage ich erleichtert,
„ich dachte schon, es ist alles aus.

Was du beschrieben hast kenne ich nur zu gut.
Im Moment ist nur leider nicht der Hauch eines
Ansatzes da, wie sich die Zustände ändern könnten!"

„Von deinem Stadtpunkt aus ist das verständlich",
lächelt mein Begleiter,
„aber hör erst mal, wie es war oder, aus deiner Sicht,
werden könnte."

15

Was denn jetzt, ist es schon passiert oder wird es noch passieren oder könnte es?
Ich bin verwirrt, frage aber jetzt nicht weiter nach.

„Die Politik erkannte, dass es so nicht weitergehen konnte.
Couragierte Vertreter von Lehrerschaft und Eltern erreichten, dass eine Arbeitsgruppe Schule gegründet wurde, in der zum ersten Mal keine Politiker sondern nur Menschen aus der Praxis vertreten waren und die ein Konzept erarbeitete, das die Schule derartig gründlich reformieren sollte, dass vom herkömmlichen System nicht mehr viel übrig blieb.
Deshalb habe ich vorhin erwähnt, dass wir die Schule abgeschafft haben!"

„Und?
So, wie ich unsere Politiker kenne, haben die sich bestimmte erst einmal bockig gestellt, weil die Idee nicht von ihnen kam!"
Ich kenne sie doch.
Der kann mir nicht erzählen, dass man plötzlich im Politikerlager anfängt, pragmatisch zu denken, das kann ich nicht glauben.

„O ja, aber sie hatten keine andere Wahl.
Das Schulsystem war definitiv zusammengebrochen,
das gleiche drohte der Gesamtgesellschaft, die
Kriminalität wuchs ins Unermessliche und die
Wahlerfolge radikaler Parteien gaben zu höchster
Besorgnis Anlass.
Außerdem hatte der Plan der Arbeitsgruppe einen
entscheidenden Vorteil:
Er rechnete sich.
Er war plausibel. Er kostete nicht so viel wie
ursprünglich befürchtet worden war und die
Regierung befand sich derart mit dem Rücken an der
Wand, dass sie keine große Alternative mehr hatte.“

"Dein Wort in Gottes Ohr",
bringe ich hervor,
„aber was ist denn nun das Besondere an dem neuen
System?
Sag nicht, die Gesamtschule!
Das hatten wir alles schon mal!"

„Sei nicht albern!
Glaubst du, ich rufe dich hier her, um die Vorteile der
Gesamtschule zu preisen?
Überhaupt Schule - hatte ich nicht bereits erwähnt,
dass wir sie ABGESCHAFFT haben?"

„Stimmt, das sagtest du – aber ich kann nicht glauben,
dass das in ein paar Jahren hier und bei uns passiert.
Niemals!"

„Aber genau so war es!"

16

„Man sah ein, dass das herkömmliche, auf Zwang
beruhende System keine Zukunft mehr hatte.
Man konnte niemandem gegen seinen Willen etwas
aufzwingen, das ließen sich die jungen Menschen
einfach nicht mehr gefallen.

Also schaffte man zunächst die Schulpflicht ab und
ersetzte sie durch das sogenannte „Bildungsrecht".

Das sieht auf den ersten Blick nicht sehr revolutionär
aus, hatte aber weit reichende Konsequenzen.
Wenn jemand nicht lernen WOLLTE, wurde er
seitdem nicht mehr dazu gezwungen.

Überhaupt wurde die Verantwortung für die
Lebensführung den Menschen zurückgegeben, d.h.
sie konnten fürderhin entscheiden, was sie tun und
lassen, müssen aber seitdem auch mit den
Konsequenzen leben und können die Schuld keiner
anderen Instanz zuschieben.
Für die Kinder bedeutet das:
Keiner zwingt mich zum Lernen, wenn ich es aber
nicht tue, muss ich mit den Folgen leben."

„Na schön, aber dann sind sie sicher alle nicht mehr
gegangen, oder?
Das war doch geradezu der Freifahrschein für Faulheit

jeglicher Art!"
gebe ich zu bedenken.

„Zunächst scheint das so, aber du kennst noch nicht
die Details des neuen Systems!
Die Arbeitsgruppe hatte sich im Vorfeld sehr genau
mit den menschlichen Grundbedürfnissen
beschäftigt und dabei herausgefunden, dass das
Wesen und Bedürfnis des Menschen ist, zu lernen
und sich weiter zu entwickeln.
Man erforschte Möglichkeiten, an diesem
Grundbedürfnis des Menschen anzusetzen und es zu
nutzen.

Außerdem hatte man die Vorgabe, dass das neue
System möglichst nicht wesentlich teurer werden
durfte als das alte und trotzdem die zentralen
Probleme lösen sollte.
Eine schier unglaubliche, wenngleich lösbare
Aufgabe!"

„Unglaublich, das finde ich allerdings auch!
Wie ist es ihnen denn nun gelungen?
Spann mich doch nicht so lange auf die Folter!
Außerdem wolltest du mir noch das Institut hier zeigen,
schon vergessen?",
maule ich.

„Du bist so ungeduldig!"
beklagt sich mein Gegenüber.
„Vielleicht ist das auch der Grund, weshalb man
mich zu dir geschickt hat.
Du bist scheinbar niemand, der unhaltbare Zustände

„länger als nötig aushält?"

„Sicher nicht!"
bestätige ich.

  „Na, dann hör jetzt gut zu.
  In eine Schule der herkömmlichen Art wäre sicher
  ein Großteil unserer Kinder freiwillig nicht gegangen,
  da hast du schon Recht.
  Deshalb haben wir die gesamte Organisation
  umgestellt.
  Es gibt keine „Klassen" im üblichen Sinne mehr, es
  gibt nicht einmal mehr den „Lehrer" wie er früher
  einmal war."

„Nicht?",
frage ich höchst erstaunt,
„und wer bringt den Kindern jetzt etwas bei?"

  „Sie selbst",
  erwidert mein Begleiter,
  „die Erwachsenen haben eine komplett veränderte
  Funktion im ganzen Lerngeschehen.
  Sie sind jetzt lediglich Berater, das heißt, sie beraten
  die Kinder bei der Planung und Durchführung ihres
  selbst gestalteten Lernens und ihrer Entwicklung,
  aber es geschieht mit ausdrücklicher Zustimmung
  und Selbstverpflichtung des Kindes."

"Und was ist mit der Schule – gibt es denn keine
Schulklassen mehr?"
Ich werde immer neugieriger.

„Nicht im üblichen Sinne", sagt mein Fremdenführer,
„jeder Berater, wie wir sie jetzt nennen, betreut
maximal 5-7 Kinder.
Die Tätigkeit der Berater ist freiberuflich, das heißt
die Kinder treffen sich im Haus des Beraters und
haben dort ihren Arbeitsplatz.

Natürlich ist dieser mit der modernsten
Kommunikationstechnologie ausgestattet, so dass
sämtliche benötigten Informationen vom Schüler
selbsttätig eingeholt werden können.
Hier ist auch eine Art „Lern-Zuhause" des Kindes.
In der Regel bleibt ein Kind seine gesamte Schulzeit
bei seinem Berater.
Dieser ist geschult, das Potenzial des Kindes zu er-
mitteln und für ihn oder sie die bestmögliche
Förderung zu organisieren.

Wohl gemerkt, der Berater ist KEIN LEHRER, das
heißt, er bringt dem Kind nicht im klassischen Sinne
etwas bei, sondern unterstützt es im Lernprozess,
hilft ihm in der Vorbereitung wichtiger Prüfungen
und bringt ihn oder sie zu den Veranstaltungen, über
die noch später die Rede sein wird und die du hier
live miterleben kannst."

„Aha", sage ich, ein bisschen verwirrt.
Das hört sich gut an.
Ob ich mir so eine Mini-Schule auch mal ansehen darf?
„Gibt es denn keine Lehrer in dem System?
Sind die denn alle arbeitslos?"

„Au contraire!

In unserem Bildungswesen kannst du entscheiden, was du am besten kannst.

Früher musste der Lehrer in Personalunion beides sein: archetypisch mütterlich, indem er den Schüler unterstützt und fördert als auch archetypisch väterlich, indem er anleitet, fordert und prüft.

Damals wart ihr ständig in einem Rollenzwiespalt, weil man den Kindern nie recht verkaufen konnte, warum man sie in einem Augenblick unterstützte und im nächsten kritisierte und beurteilte.

Wir haben diese Rollenunklarheit beseitigt.

Bei uns gibt es den Berater, der in erster Linie, die mütterliche, unterstützende Funktion ausfüllt und den Professor, der die väterliche, fordernde Rolle innehat.
Professoren kommen nie an den Heim-Arbeitsplatz des Kindes, dies ist ein geschützter Raum, zu dem nur das Kind, seine Mitlernenden und der Berater Zugang haben.

Die Rolle des eigentlichen Wissens-Vermittlers haben die Professoren inne.
Sie bieten spezielle Kurse zu ihren Fachgebieten an, die der Berater mit seinen Schützlingen besuchen kann, nehmen Prüfungen ab, korrigieren Trainingsaufgaben und vieles mehr.

Wir sind hier zum Beispiel im Physik-Institut unserer Stadt.

Hier werden Kurse zu unterschiedlichen Themen der Physik angeboten und durchgeführt.
Professoren haben ihre Spezialgebiete und können daher mit allerhand Showeffekten ihre Performance so perfektionieren, dass der Lerneffekt enorm ist.

Früher musste ein Lehrer hunderte unterschiedliche Themen vorbereiten und dabei blieb natürlich oft allein aus Zeitmangel die Qualität der Darbietung auf der Strecke.

Unsere Professoren sind Meister ihres Fachs.
Die uneingeschränkte Fach-Autorität auf ihrem Gebiet und die Liebe und Begeisterung, die sie den zu vermittelnden Inhalten entgegenbringen, übertragen sich in der Regel auf die Schüler und reißen sie mit.

Du hast ja vorhin schon gesehen, wie begeistert die Leute aus den Veranstaltungen geströmt sind – hast du wahrgenommen, welche Freude ihnen das Lernen macht?
Du kannst sicher sein, dass sie das Erlebte nicht so schnell vergessen!“

„Und die Übung?“
wende ich ein,
„mit einmaligem Zuschauen lerne ich doch nicht zwingend einen Zusammenhang und behalte ihn für immer!“

„Da hast du irgendwie recht, andererseits auch wieder nicht!“

Mir geht das alles ein wenig zu schnell - das muss er
mir genauer erklären.

„Das Üben und das eigentliche Festigen des
Gelernten findet im Haus des Beraters statt, im
eigentlichen Lern-Zuhause des Kindes.
Die Professoren geben zu ihren Veranstaltungen
zusätzliches Material heraus, mit dem der Schüler zu
Hause weiter lernen kann."

„Ist das nicht alles ziemlich kompliziert?",
gebe ich zu bedenken.

„Bei uns ist das alles sehr professionell organisiert",
erklärt mein Begleiter stolz,
„sieh mal, wir leisten uns keinen teuren
Verwaltungsapparat, deshalb haben wir für die
inhaltliche Planung und Unterstützung unserer
Berater und Professoren viele Kapazitäten frei.

Es gibt für alle Lernschwerpunkte Hilfen und
Anweisungen.
So muss kein Berater, wie früher eure Lehrer, jeden
Inhalt neu erschließen und quasi das Rad neu
erfinden.

Nebenbei gesagt, das Weltwissen verdoppelt sich
in unserer Gesellschaft heutzutage innerhalb eines
Jahres, da kann man von niemandem verlangen,
selbst auf seinem Spezialgebiet alles Wissenswerte
zu beherrschen."

"Weltwissen?
Was war das noch gleich?“
Ich hab davon schon mal gehört.

„Weltwissen ist all das, was es auf der Welt zu
wissen gibt.
Im Mittelalter verdoppelte sich das Weltwissen etwa
alle 100 Jahre, diese Entwicklung beschleunigte sich
Anfang des 20. Jahrhunderts rapide und fing an,
exponentiell zu wachsen.
Ende dieses Jahrhunderts verdoppelte sich das
Weltwissen in etwa 5 Jahren und die Abstände
wurden immer kürzer.

Dieses Wachstum hält unvermindert an – da wäre es
ein Wahnsinn, alle Einzelfakten zu pauken oder von
unseren Kindern eine Kenntnis all dieser Inhalte zu
verlangen.
Wir haben unseren Schwerpunkt auf die Vermittlung
von Lernmethoden verschoben.
Die Kinder lernen, wie sie sich Informationen am
effektivsten selbst beschaffen und wie sie sie
verarbeiten.
Darüber hinaus ist uns die Beherrschung der
Grundfähigkeiten wie lesen, schreiben, logisches
Denken und Kommunikationstechnik wichtig.“

„Das ist bei uns auch so!“,
sage ich ein wenig stolz,
„da liegen wir denn wohl doch nicht ganz so falsch!?“

„Was die Wertigkeit von grundlegenden Kenntnissen
angeht, mag das stimmen.

Ihr legt aber immer noch viel zu viel Wert auf das
Pauken von Einzel- und so genanntem Faktenwissen.
Wahrscheinlich, weil man es am besten abfragen
und bewerten kann.

Wir haben irgendwann festgestellt, dass das so
genannte „Wissen" an sich keinerlei Erkenntniswert
hat und wir haben aufgehört, es zu vermitteln.

Wir vermitteln demgegenüber Zusammenhänge.
Die Lernenden sollen die Welt verstehen lernen und
sich Instrumente aneignen, sich selbständig jegliches
Wissen zu erschließen, wenn sie es brauchen."

„Das wollen wir doch auch!",
wage ich anzumerken,
„das ist auch das Ziel unserer Einrichtungen."

„Ihr erreicht es aber so, wie ihr es organisiert habt,
nicht!",
sagt mein Fremdenführer.

„Das Einzige, was ihr mit eurem Vorgehen erreicht
ist, dass kaum ein Mensch nach seiner Schulzeit
noch Lust hat, weiterzulernen.
Für uns ist das alltägliche Realität.
Lebenslanges Lernen ist uns eine
Selbstverständlichkeit.
Schau dir nur die Leute hier an!"

Das ist mir schon von Anfang an aufgefallen.
Hier gibt es nicht nur junge Leute.
Menschen jeglichen Alters gehen auf und ab, sitzen

fröhlich schwatzend in unserem Aufenthaltsraum und auch auf den Gängen ist die Altersstruktur äußerst gemischt.

„Lernen die denn hier alle zusammen?",
frage ich.

„Wir verstehen Lernen als einen natürlichen, lebenslangen Prozess, deshalb stehen alle Veranstaltungen grundsätzlich jedem offen",
sagt mein Begleiter.
„Vorhin habe ich dir ja schon erzählt, dass wir Lernen und Wachsen als einen entscheidenden Faktor des Menschseins erkannt haben.
Deshalb ermöglichen wir es den Menschen, jederzeit alles zu lernen, was sie interessiert und weiterbringt.

Sie können an allen Veranstaltungen teilnehmen, wenn sie wollen auch Prüfungen machen, ständig dazu lernen.
Es ist auch selbstverständlich, dass nicht nur das Wissen, wie ihr es im engen Sinne versteht, sondern jegliches Können von Experten weitergegeben wird.
So gibt es klassische „Ausbildungen" wie bei euch nicht mehr.

Menschen, die sich beispielsweise für eine handwerkliche Tätigkeit interessieren, gehen zu einem Experten, lernen bei diesem alles, was sie wissen und können müssen und, wenn sie wollen, TUN sie es hinterher selbst.
So wird man durch Interesse und Anschauung gegebenenfalls selbst Meister eines Fachs.

Wenn das Fach nichts für sie ist, lassen sie es eben
und wenden sich anderen Inhalten zu.“

“Das klingt so einfach“,
wende ich ein,
„aber wenn es hier nur nach Interesse geht - wer
erledigt denn dann die notwendigen Arbeiten, die
keiner sonst machen will?
Ich meine, so was wie Müllabfuhr oder so.
Dazu hätte ich beispielsweise nun wirklich keine Lust.“

„Diese Art Arbeit gibt es bei uns kaum noch.
Gesundheitsschädigende oder auf andere Weise
unangenehme Arbeit wurde weitgehend von
Maschinen übernommen.
Alles andere wird nach Belastung bezahlt, das heißt,
wichtige aber eher unangenehme Aufgaben muss
niemand den ganzen Tag über verrichten, weil sie
so gut bezahlt werden, dass keiner lange arbeiten
muss.
Im Übrigen stehen derartige Tätigkeiten in hohem
öffentlichem Ansehen.
Es gibt viele, die die mit unangenehmen Aufgaben
verbundene Anerkennung sehr schätzen und sie
deshalb gern tun.“

17

„Überhaupt, was ich noch fragen wollte- wie ist es hier
mit der Arbeit geregelt?
Arbeit und Arbeitslosigkeit sind bei uns immer ein
schwieriges Thema."
Jetzt verrät er mir sicher gleich die Lösung für unser
Arbeitslosenproblem.
„Habt ihr denn keine Arbeitslosen?"

Irre ich mich oder trifft mich ein mitleidiger Blick
meines Fremdenführers…

„Wieder so ein Thema, bei dem ich etwas weiter
ausholen muss", seufzt er,
„weißt du, ihr habt ein etwas",
er zögert,
„sagen wir mal: verzerrtes Bild von Arbeit.

Für euch ist Arbeit etwas mit einem eigenen Wert an
sich.
Man definierte sich und seinen Wert als Mensch
über seinen „Beruf".
Das, was man einmal gelernt hatte, tat man nun
sein Leben lang Tag für Tag zum Broterwerb und das
Ganze 8 Stunden täglich und mehr.
Später gabt ihr den Menschen kaum noch die
Gelegenheit, etwas Neues zu lernen und ihren Beruf
zu wechseln, weil sie Verantwortlichkeiten wie eine

zu ernährende Familie und viele andere Zwänge sie
daran hinderten.

Wurde man arbeitslos, empfand man das als Makel.
So etwas durfte nicht passieren.
Viele fühlten sich als Arbeitslose unzulänglich und
wertlos und schämten sich.

Erkennen kannst du das an Redegewohnheiten.
Man sagte beispielsweise nicht:
Ich übe den Beruf des Klempners aus, sondern:
Ich BIN Klempner.
Erkennst du den Unterschied?"

„Nö, wieso?"

„Wir sehen es nicht so, dass ich ein Beruf BIN,
sondern, dass ich ihn, vorübergehend, AUSÜBE.

Ich bin nicht mein Beruf.

In allererster Linie bin ich ein fühlendes, denkendes
und erfahrendes menschliches Wesen.
Mein Wert und meine Würde erhalte ich nicht durch
Arbeit oder irgend etwas, was ich tun kann oder
muss, mein Wert und meine Würde ergeben sich aus
meinem Mensch - Sein an sich.
Arbeit ist etwas, was meiner Identität als Mensch
Ausdruck verleiht.
Kannst du den Unterschied erfassen?

Das kann heute eine handwerkliche Tätigkeit sein
und morgen fühle ich mich vielleicht berufen, einem

anderen zu helfen oder meine alten Eltern zu
pflegen.
Danach interessieren mich möglicherweise Reisen zu
anderen Kulturen oder ich lege einen Garten an.
Es gibt eine unendliche Vielfalt an Möglichkeiten des
menschlichen Ausdrucks."

„Und was ist mit dem Geldverdienen?
Vorhin sagtest du, die Idee des bedingungslosen
Grundeinkommens hat in der Praxis nicht funktioniert -
wovon lebt ihr denn eigentlich?"
Es wird immer rätselhafter und komplizierter.

„Nachdem wir uns entschlossen und gelernt hatten,
unsere Kinder vernünftig und den menschlichen
Bedürfnissen entsprechend förderlich heranwachsen
zu lassen, entfiel die Gefahr, in gewohnheitsmäßige
Faulheit zu verfallen, wenn kein Zwang zum
Geldverdienen mehr vorhanden war.

Deshalb konnten wir nach einigen Jahren der
Umstellung das „bedingungslose Grundeinkommen"
erneut einführen."

"Ich dachte, das hätte nicht funktioniert!"
Was denn nun?"

„Ja, zunächst tat es das auch nicht.
Das lag aber nicht an der Idee an sich sondern an der
Einstellung und den, tut mir leid, das sagen zu
müssen, neurotischen Strukturen eurer, das
bedeutet: unserer damaligen Gesellschaft.

Intellektuell einfachere, nach euren Maßstäben ungebildete Menschen ohne Arbeit oder mit wenig Chancen auf ein selbst bestimmtes Leben, verfielen in eine Art Depression, die sich als Apathie, Faulheit und Lustlosigkeit äußerte und zur Folge hatte, dass sich der betreffende Mensch in seinem Selbstbewusstsein noch mehr herabsetzte.

Meist trauten sich diese Menschen selbst immer weniger zu bis sie schließlich resignierten und in ihrer Selbstablehnung beschlossen, in der Welt nicht mehr „mitzumachen".

Das betraf hier wieder zuerst die Jugendlichen. Sobald sie für sich ihre Chancen schwinden sahen, gaben sie vielfach ihrer Hoffnungslosigkeit dadurch Ausdruck, dass sie morgens erst gar nicht mehr aufstanden und jegliche Energie verloren, sich den Herausforderungen des Lebens zu stellen."

„Solche Leute kenne ich."
Hier kann ich wieder mitreden.

Ich habe sie zu oft beobachtet und als Lehrerin unter den Folgen für die Kinder gelitten.
Eltern, die keine Arbeit haben, aber sich trotzdem oder gerade deswegen nicht um ihre Kinder kümmern, Jugendliche, die keine Kraft mehr haben, auch nur die einfachsten täglichen Verrichtungen zu erledigen.
Im „Trash-TV" werden täglich Menschen geradezu vorgeführt, die sich in ihrem Frust über ihr augenscheinlich verpfuschtes Leben gegenseitig auf aggressivste Weise angreifen, an sich lächerliche

Alltags-Probleme vor aller Welt ausbreiten und sich
dadurch, ohne es zu merken, dem Hohn und Gespött
der ganzen Nation aussetzen.
Und das alles soll nur Ausdruck eines falschen
Wertesystems sein?

„Und wie habt ihr das Problem nun wieder gelöst?",
will ich nun wissen.

„Wir haben es bei seiner Ursache gepackt",
sagt mein Begleiter stolz,
„ich freue mich sagen zu können, dass wir
verstanden haben.

Wir haben genau hingeschaut und uns nicht von
Äußerlichkeiten ablenken lassen.
Wie ich dir bereits mehrfach geschildert habe, hatte
das Bewusstsein der Menschheit irgendwann den
Punkt erreicht, an dem es sich nicht mehr so leicht
an den offensichtlichen Tatsachen vorbei täuschen
ließ.

Vielleicht waren unsere analytischen Fähigkeiten im
Laufe der Zeit gewachsen oder wir waren einfach
nicht mehr bereit, als Menschheit weiterhin in
vermeidbarem Elend zu leben - ganz genau kann ich
es dir auch nicht sagen.

Einen großen Beitrag, denke ich, leisteten auch die
Möglichkeiten, die das Internet und der zunehmend
mitdenkende Journalismus boten.
Die Menschheit schloss sich enger zusammen in der
Hoffnung, dem Elend endlich beizukommen und

Lösungen zu finden, die nicht an den Symptomen
herumkurierten, sondern die Ursachen
menschlichen Leids berücksichtigten.
Sei es drum, wir fanden den entscheidenden
Ansatz."

Jetzt macht er es aber spannend.

„Und!",
will ich wissen,
„raus mit der Sprache!"

18

„Das müsstest du jetzt eigentlich schon wissen",
  sagt mein Fremdenführer,
  „ich erwähnte schon, dass alles mit den Kindern, das
  heißt mit den Eltern anfängt.
  Nachdem wir das begriffen hatten, wurde alle
  unsere Energie auf diesen Punkt konzentriert.
  Wir beschlossen ein Milliardenprogramm das zum
  Ziel hatte, Eltern zu stärken und das
  Selbstbewusstsein von Kindern systematisch
  aufzubauen.

Dafür mussten wir zunächst das Geldsystem
umstellen.

Hatte ich das schon erwähnt?

Wir führten das Geldsystem also in den natürlichen
Kreislauf alles Lebendigen zurück und bauten die
turnusmäßige Entwertung ein.

Innerhalb kürzester Zeit wurden durch diese

Maßnahme weit reichende Geldmittel frei, das
heißt, jeder Mensch, auch der Ungebildetste, bekam
eine Arbeit, von der er oder sie auch leben konnte.
Wir hatten dadurch nahezu Vollbeschäftigung
erreicht.

Dadurch konnten wir die stützenden Sozialsysteme
auf ein Minimum herunterfahren.

Das gesparte Geld investierten wir in Bildung:
Zunächst in die Bildung der erwachsenen
Bevölkerung, die durch diese Maßnahme einen er-
weiterten Horizont ihrer Möglichkeiten erwarb.
Viele Menschen wechselten ihre Arbeit, fanden
endlich eine Tätigkeit, die ihren Fähigkeiten besser
entsprach und arbeiteten dadurch erheblich
produktiver.

Wir setzten einen Prozess in Gang, der, erst einmal in
Fahrt gekommen, sich selbst ständig erneuerte und
verbesserte.

Von einer kumulierenden Abwärtsbewegung hin zu
zunehmender Depression, Gewalt und Gegengewalt,
Ausbeutung und Erniedrigung schwenkten wir um zu
einem System gegenseitiger Unterstützung,
Erneuerung, Wachstum und Zuversicht.
Das neue System hat die Angewohnheit, sich selbst
zu verstärken, ebenso wie das alte die negativen
Vorgänge ständig verstärkte.

Wir sind also noch gerade rechtzeitig von der
Abwärtsbewegung der aussterbenden „westlichen"

Kultur zur Aufwärtsbewegung einer völlig neuen
Kultur übergesprungen.
Menschen, die für ihr Leben keine Hoffnung mehr
bewahren konnten, erwarben neues
Selbstbewusstsein, eine Perspektive und die
Rückkehr ihrer natürlichen Würde als Mensch.

Das machte sie stark und sie wagten sich an neue
Herausforderungen: zu lernen und das Gelernte an
ihre Kinder weiterzugeben.
Die Kinder dieser Generation lernten von den
Erwachsenen was es heißt, Fehler einzugestehen
und sich mutig Veränderungen zu stellen.

Sie beobachteten an ihren Eltern den unbedingten
Willen, eine glücklichere Welt zu erschaffen und
überkommene Vorstellungen in Frage zu stellen."

Jetzt kommen mir wirklich die Tränen.
Die Ausführungen meines Begleiters sprengen meine
Vorstellungskraft, ich kann es nicht glauben.
Sollten wir tatsächlich an der Schwelle einer neuen,
besseren Gesellschaft stehen?

Haben wir es in der Hand, das Ruder buchstäblich
herum zu reißen oder ist das alles hier nur eine
schöne Illusion, eine Utopie, deren Kraft beim
Aufwachen schon verbraucht ist, wie so oft nach
einem schönen Traum?

Ich weiß es nicht.

Jetzt konzentriere ich mich erst einmal darauf,

möglichst viel zu fragen und zu erfahren.
Eine solche Gelegenheit bekomme ich in meinem
Leben sicher nicht mehr oft!

„Ich verstehe immer noch nicht, wie genau und wann
der Wandel eingetreten ist – das ist für mich jetzt ganz
wichtig.
Wo kann ich konkret ansetzen, was muss ich mir
merken für später, wenn ich in meine Zeit
zurückkehre?“

„Mach dir darüber keine Sorgen, Dinge passieren
immer nur dann, wenn es Zeit ist, dass sie passieren.
Du musst dich nicht in dem Versuch verkrampfen, dir
irgendetwas zu merken, damit du es in dein
Wachbewusstsein mitnehmen kannst.
Für dich ist dieser Traum eine Hilfe, die Hoffnung
nicht zu verlieren, quasi ein Licht am Ende des
Tunnels zu sehen und ein Versuch, dir in deiner
Traurigkeit beizustehen.

Du leidest sehr an der Kälte der Welt und deiner
scheinbaren Machtlosigkeit.
Du hast Mitleid mit den vielen Menschen, denen es
noch schlechter geht als dir und fühlst dich hilflos in
deinem Bemühen, ihnen ihr Los zu erleichtern.

Du verzweifelst oft an der Lieblosigkeit, die dich
überall umgibt, an der zynischen Art, wie Menschen
miteinander umgehen und der Kälte, die ihr den
Schwächsten eurer Gesellschaft entgegenbringt.
Du hast die Hoffnung aufgegeben, etwas verändern
zu können.

Und schließlich leidest du an dir selbst, erkennst die
vielen schwachen, die scheinbar unwürdigen und
auch die zerstörerischen Anteile in dir, wertest dich
dafür ab und schämst dich für deine
Unzulänglichkeit als Mensch.

Ich verstehe das!

Aber sieh es doch einmal anders herum:
Du hast die einmalige Chance, in dieser großen Zeit
der Menschheitsgeschichte anwesend zu sein, sie
mit zu erleben, sie mit zu gestalten.

Deine Zeit ist eine Zeit großer Veränderungen.

Nicht nur das Klima verändert sich radikal, auch die
Geschwindigkeit des Wandels aller gesellschaftlichen
Umstände nimmt rasende Ausmaße an.
Es ist ein großes Abenteuer, zu deiner Zeit auf der
Erde zu leben.
Niemals zuvor hattet ihr solche vielfältigen
Möglichkeiten, mit kleinen Ursachen große
Wirkungen zu erzielen.
Lass dich von der Zukunft überraschen!"

19

„Aber, ich dachte, du sagst mir etwas über die Zukunft und das Ganze ist schon beschlossene Sache oder zumindest so gut wie?!"

Jetzt weiß ich nicht mehr, was ich denken soll.

„Ja und nein",
meint mein Fremdenführer geheimnisvoll,
„Was ich dir geschildert habe, ist EINE MÖGLICHE Variante der Zukunft und als solche durchaus real. Ihr wärt aber nicht Menschen mit einem freien Willen, wenn das schon alles wäre und ihr jetzt nur noch zusehen müsstet, dass sich diese vorher beschlossene Zukunft vor euren Augen einfach so entfaltet.

So ist das nun auch wieder nicht!

Deshalb gilt für dich wie für alle anderen, die in deiner Zeit leben:
Keine Müdigkeit vortäuschen!"

Der hat gut reden, denke ich, also ist das alles doch nur ein schöner Traum, der nicht den Hauch einer Chance hat, Wirklichkeit zu werden.

„Glaub das nicht",
mein Begleiter scheint meine Gedanken gelesen zu
haben,
„dieser Traum kann deine zukünftige Realität
werden, wenn du dich dafür einsetzt.
Wenn du die beste aller möglichen Welten für
realisierbar hältst, hat sie eine Chance, Wirklichkeit
zu werden.

Genau deswegen bist du hier - ach, übrigens, wir
haben die Führung ja noch gar nicht gemacht –
magst du noch?"

20

Richtig, ich hatte über unserer Unterhaltung ganz
vergessen, wo wir uns aufhalten, im „Institut für
Physik".
So ein bisschen macht mir das Angst, in der Schule
hatte ich immer so meine Schwierigkeiten mit den
Naturwissenschaften …

„Ok, denn mal los",
sage ich mutig und wir machen uns wieder auf den
Weg.

Vom Aufenthaltsraum aus führen mehrere Gänge in
andere Bereiche des Gebäudes.

„Am besten, wir besuchen eine Veranstaltung",
schlägt mein Fremdenführer vor.
„Was würde dich interessieren?"

„Ich kenne mich mit Physik leider überhaupt nicht aus",
sage ich kleinlaut.
Vielleicht hätte ich in der Schule doch besser aufpassen
sollen.
Sehr peinlich!

„Das geht hier den meisten so, deshalb kommen sie
ja her.
Die Veranstaltungen sind alle so aufgebaut, dass sie
jedem verständlich sind.
Events für Fortgeschrittene gibt's im dritten Stock,
da müssen wir ja nicht hingehen.",
sagt mein Begleiter gleichmütig.

Wir biegen um eine Ecke und erreichen eine breite Tür,
durch die unzählige Menschen in einen großen Saal
strömen.

„Gehen wir doch da rein, mal sehen, was es gerade
gibt.",
schlägt mein Fremdenführer vor.

An der Tür werden die Hereinkommenden von einer
Frau mittleren Alters freundlich begrüßt.

Als wir an der Reihe sind, sehe ich aus dem
Augenwinkel, wie mein Begleiter der Frau verschmitzt
zublinzelt.

„Willkommen",
flötet diese,
„sucht euch einen schönen Platz in der Mitte, von dort
kann man am besten sehen."

Wir steigen ein paar Stufen hinab in ein riesiges
Auditorium. Unzählige Menschen haben bereits Platz
genommen und warten gespannt auf das, was sie
erwartet.

Wir lassen uns in bequeme Sessel fallen.
Nach einer Weile werden die Türen geschlossen und
die Frau, die uns begrüßt hat, bahnt sich ihren Weg
nach vorn.

„Und wenn jemand zu spät kommt?
Stört das nicht?"
flüstere ich.

„Hier kommt niemand zu spät!
Die Veranstaltungen unserer guten Amanda verpasst
keiner!"
raunt mir mein Begleiter zu.
„Und wenn doch, dann kommt er nicht mehr rein.
Es ist gilt als Ausdruck von Respekt, pünktlich zu
sein."

Und dann geht sie los, die „Veranstaltung", die so gar
nichts gemeinsam hat mit den Vorlesungen, die ich aus
Schule und Universität kenne.

Amanda, so heißt unsere Professorin in den nächsten 3 Stunden, macht uns mit dem Thema des Events
vertraut.

„Liebe Leute",
beginnt sie,
„ihr seid heute hierher gekommen, um etwas über
Biophysik zu lernen."

Oje, denke ich, was ist nun gleich wieder das?
Keine Ahnung.
Hoffentlich wird hier nicht geprüft, was man

verstanden hat.
Mein Begleiter schaut mich von der Seite an und
erkennt wohl, was ich denke, denn er lächelt in sich
hinein.
Vielleicht ist ja alles gar nicht so schlimm?

Der Saal verdunkelt sich und ich werde Zeuge eines
unglaublichen Schauspiels.
Unten, auf einer Bühne, entwickelt sich eine
Geschichte – die Geschichte der Biophysik, vor meinen
staunenden Augen.
Verkleidete Schauspieler verdeutlichen Vorgänge
innerhalb menschlicher Zellen, die ich nie verstanden
hatte, mit spielerischer Einfachheit und Klarheit.
Zwischendurch gibt es kurze Filmausschnitte,
Erwachsene und Kinder erklären die Zusammenhänge.
Die Zeit vergeht wie im Flug.

Man erkennt unschwer, dass keine Kosten und Mühen
gescheut wurden, komplizierte Zusammenhänge so
darzustellen, dass das Ganze eher einem Abenteuer als
trockener Lernstoffvermittlung gleicht.

Nachdem sich zum Schluss der Veranstaltung
frenetischer Beifall erhoben hat und die Zuhörer mit
leuchtenden Augen den Saal verlassen haben, kommt
Amanda auf uns zu.

„Na, wie hat es dir gefallen?", will sie wissen.

„Einfach toll",
sage ich beeindruckt,
„was für ein Aufwand!

Das ist ja ein Ereignis!
Sag mal, wer bezahlt eigentlich die Leute, die
Schauspieler, die Filmemacher, das ganze Material?
Das muss doch irre teuer sein!"

„Nun ja, das kostet hier schon einiges!",
räumt Amanda ein,
„dafür kommen zu mir aber auch Menschen von weit
her.
Ich bin DIE Kapazität für Biophysik.
Außerdem schaffen wir hier jede Menge Arbeitsplätze,
hast du gesehen, mit wie viel Freude die Schauspieler
dabei waren?"

Amanda ist augenscheinlich sehr stolz auf ihr Werk.
„Jetzt muss ich aber los, habe noch ein paar Prüfungen
abzunehmen."
Sagt´s und rauscht davon.

„Äußerst beeindruckend", flüstere ich.

21

Mein Begleiter lächelt mich an.

„Ich hoffe, du hast einen guten Eindruck von der
möglichen Zukunft gewonnen.
Wenn du weitere Fragen hast oder sonst irgendwie
Trost und Zuspruch brauchst, weißt du ja, wo du
mich findest."

Ich will mich bedanken, habe ja noch so viele Fragen.
Was soll ich mit all den Informationen denn anfangen?
„Zuhören",
hat mein Fremdenführer gesagt,
„du musst nichts tun, nur zuhören!"

Ich will mich umdrehen,
noch Fragen stellen,
vielleicht noch ein paar von diesen spannenden
Lern-Events besuchen...

Vielleicht morgen Nacht?

Vielleicht in ein paar Jahren?

Das Alte stürzt,

es ändert sich die Zeit,

und neues Leben blüht

aus den Ruinen.

Friedrich von Schiller

Über die Autorin:

Iris Glanzer,
Jahrgang 1959,
verheiratet, 3 Kinder
Grundschullehrerin,
Psychologische Beraterin IAPP,
Dozentin der Akademie für Leseförderung Hannover
Langjährige Tätigkeit als Dozentin für psychologische
und pädagogische Themen in verschiedenen
Institutionen

www.ingramcontent.com/pod-product-compliance
Lightning Source LLC
Chambersburg PA
CBHW051756250726
48659CB00001B/450